Feature-based Programming

Stefan Richter

Feature-based Programming

Planung, Programmierung, Projekt-Management:
Über die Kunst systematisch zu planen
und mit Agilität umzusetzen

ADDISON-WESLEY

An imprint of Pearson Education

München • Boston • San Francisco • Harlow, England
Don Mills, Ontario • Sydney • Mexico City
Madrid • Amsterdam

Bibliografische Information Der Deutschen Bibliothek

Die Deutsche Bibliothek verzeichnet diese Publikation in der Deutschen Nationalbibliografie; detaillierte bibliografische Daten sind im Internet über <http://dnb.ddb.de> abrufbar.

10 9 8 7 6 5 4 3 2 1

07 06 05 04 03

ISBN 3-8273-2077-1

ein Imprint der Pearson Education Deutschland GmbH
Martin-Kollar-Straße 10–12, D-81829 München/Germany

Lektorat: Martin Asbach, masbach@pearson.de
Korrektorat: Christine Depta, Unterschleißheim
Umschlaggestaltung: Christine Rechl, München
Titelbild: Phlomis umbrosa, Filzkraut. © Karl Blossfeldt Archiv —
Ann und Jürgen Wilde, Zülpich/VG Bild-Kunst Bonn, 2003
Herstellung: Monika Weiher, mweiher@pearson.de
Satz: Hilmar Schlegel, Berlin — gesetzt in Linotype Aldus/Palatino, Monotype Gill Sans
Druck und Verarbeitung: Bercker Graphischer Betrieb, Kevelaer
Printed in Germany

Inhaltsverzeichnis

Vorwort

Mitte 2001 habe ich Stefan Richter zufällig auf einer Veranstaltung kennen gelernt, auf der sonst nur Nicht-Techniker anwesend waren: Wir waren auf einem Businessplan-Wettbewerb gelandet! Es war schon lange nicht mehr die Zeit obskurer Internet-Geschäftsmodelle und darum hatten wir uns wohl beide dafür entschieden, an so einer Veranstaltung aus Überzeugung für die eigenen Ideen teilzunehmen.

Ich war für meine Firma Gentleware und unser OpenSource-basiertes UML-Werkzeug Poseidon unterwegs. Stefan vertrat seine Firma und hatte es trotz eines auf den ersten Blick relativ normalen Geschäftsmodells, nämlich der Entwicklung von Individual-Software (was es ja schon seit ein paar Jahrzehnten am Markt gibt), ebenfalls geschafft, in die letzte Runde der Auserwählten zu kommen.

Das Besondere an seiner Idee war: Software pünktlich und zuverlässig ausliefern zu können. Jeder Manager und Juror weiß, dass das wirklich etwas Besonderes ist!

Bei der Abendveranstaltung haben wir über den Dächern von Düsseldorf über Software-Entwicklung im Allgemeinen und agile Vorgehensweisen im Besonderen gesprochen. Seitdem haben sich unsere Wege immer wieder gekreuzt. Wir haben den Weg des jeweils anderen verfolgt, intensive Gespräche über die Philosophie der Software-Entwicklung geführt und einen tiefen Einblick in die Gedankenwelt des anderen gewinnen können.

Wir sind in vielen Punkten durchaus unterschiedlicher Meinung: Ich vertrete einen eher Modell-getriebenen Ansatz in der Software-Entwicklung, bis hin zur vollständigen Generierung des Codes aus dem Modell. Stefan vertritt die Position, dass Software Zeile für Zeile von einem guten »Handwerker« geschrieben werden muss.

Doch das Ziel ist uns beiden gemein: Die Produktivität in der Entwicklung von Software zu steigern und dabei die Qualität zu erhöhen. Wir glauben beide, dass der Schlüssel dazu in der Agilität und der Konsistenz der Artefakte liegt. Wir sind beide davon überzeugt, dass agilen Vorgehensweisen die Zukunft gehört.

Stefan hat mit seinem Team in den letzten Jahren ein eigenes, von den amerikanischen Ansätzen unabhängiges, agiles Eco-System entwickelt und systematisch verfeinert. Natürlich verfügt Feature-based Programming (FBP) über die gleichen Kernprinzipien, die auch die anderen agilen Vorgehensweisen vorleben: Die einen sind mehr vorgehensorientiert, die anderen sind eher auf die Programmierung fokussiert. FBP hat das Ziel, beide Aspekte sinnvoll in Balance zu halten. FBP ist praxiserprobt. Dem Entwickler wird ein einfaches und effizientes Instrumentarium für die Planung und das Projektmanagement zur Verfügung gestellt. Dies bildet die Basis und den Rahmen, in dem sich FBP-Teams agil und gezielt auf die Programmierung von Software konzentrieren können.

Ich habe viel Respekt vor dem Ansatz von Stefan und seinem Team und habe mich sehr gefreut, dass er seine Erfahrungen und Einsichten in einem Buch zusammengestellt hat und kann die Lektüre des Buches wärmstens empfehlen.

Viel Spaß beim Lesen.

Marko Boger, CEO Gentleware

Hamburg, 2003

1 Einleitung

1.1 Warum dieses Buch?

Zi Gong fragte, was einen Edlen ausmache. Der Meister sprach: »Er predigt nur das, was er zuvor schon selbst in die Tat umgesetzt hat.«

Konfuzius

Mittlerweile gibt es eine Menge Literatur zum Thema Agilität in der Software-Entwicklung. Meine erste Begegnung mit diesem Thema hatte ich im Dezember 2000: Ich kaufte mir *Extreme Programming Explained* von Kent Beck [1], nachdem ich immer wieder über den Begriff und das Kürzel XP gestolpert war. Ich war wohl ein Spätstarter, was XP betrifft. Es ist im Nachhinein schon erstaunlich, dass ich mich nicht früher mit dem Thema beschäftigt habe. Ich hatte sofort Gefallen an den XP-Prinzipien gefunden. Aber das geht wohl jedem Programmierer so, der nur ein einziges Mal Software in einem überorganisierten Umfeld entwickeln musste.

Ich nahm das Buch mit in meine Firma und wir versuchten, von den XP-Prinzipien zu lernen und diese mit unserem eigenen Vorgehensmodell zu kombinieren. Von XP habe ich vier Praktiken gelernt: System Metaphor und Refactoring, bis zu einem gewissen Grad auch Test-before-Code und Pair Programming. Alles Dinge, die man als erfahrener Programmierer ja angeblich sowieso schon immer gemacht hat. Was aber Planung und User-Stories betrifft, hatte ich das Gefühl, dass wir schon weiter und besser organisiert waren: Explorative Budgets sind eher selten und XP ist nicht besonders hilfreich, wenn man für einen Kunden ein nachvollziehbares und detailliertes, kaufmännisches Angebot schreiben muss.

In den zwei Jahren davor hatte ich in meiner Firma bereits ein eigenes agiles Modell entwickelt. Leider war uns der Begriff »agil« nicht geläufig. Wer es nicht glaubt, der braucht einfach nur eine Software-Firma mitten in einer Boom-Phase (1998) zu gründen: Wir haben Tag und Nacht im Auftrag unserer Kunden programmiert, eigene Frameworks gebaut und Klassenbibliotheken auf die Tauglichkeit für eigene Zwecke hin analysiert. Unser einziger sozialer Kontakt damals war unser E-Mail-Client. Und wenn wir nicht programmiert haben, dann haben wir die Zeit genutzt, uns selbst besser und effizienter zu organisieren. Denn die bekannten schwergewichtigen Vorgehensmodelle hatten wir alle schon am eigenen Leib miterlebt und wir wollten in unserer eigenen Firma etwas Neues und Besseres schaffen, mit dem wir unsere Zeit für die Programmierung maximieren und die Zeit der Beschriftung von Papier minimieren konnten. Gleichzeitig brauchten wir einen Plan und eine Leistungsvereinbarung, die wir sowohl für die Implementierung selbst als auch für die Kommunikation und die vertraglichen Vereinbarungen mit dem Kunden nutzen konnten. Und das Ganze sollte natürlich einfach zu erstellen und zu pflegen sein und dabei trotzdem beeindruckend professionell!

Wir nannten es eine lange Zeit nur »unseren Prozess« oder »das, wie wir hier arbeiten«. Weil wir so viel zu tun hatten und Kunden ja bekanntlich immer dann Projekte beauftragen, wenn am Abgabetermin nicht mehr gerüttelt werden kann, mussten wir unseren

Prozess ständig verbessern. Wenn etwas nicht 100 %ig funktionierte, dann haben wir es abgeschafft. Wenn wir etwas Neues hinzugefügt hatten, dann prüften wir, ob wir nicht etwas anderes wegnehmen konnten. Es gab meist nur zwei Kriterien: »Welchen Sinn hat es? Hilft uns das bei der Entwicklung oder bremst uns das?« Und: »Brauchen wir das, damit der Kunde nachvollziehen kann, was wir für ihn machen?« Für die besten Entscheidungen trafen beide Kriterien zu. Bei uns gab es nie: »Das brauchen wir für unser Management.« Oder: »Das müssen wir so machen. Die anderen machen das auch so.«

Als unser Prozess reifer war, machten wir eine interessante Beobachtung. Zwei Praktikanten hatten acht Wochen Zeit, um für uns ein recht umfangreiches, firmeninternes, Web-basiertes CRM-System[1] zu bauen. Beide hatten keine Erfahrung in der professionellen Software-Entwicklung, konnten aber auf eine sehr gute Hochschulausbildung (der hervorragenden Fachhochschule Wedel) zurückblicken. Innerhalb der ersten zwei Wochen mussten die beiden unsere Vertriebsmechanismen analysieren und dazu passend ein Konzept, ein Design und einen Umsetzungsplan nach unseren Prinzipien aufstellen. Diese Prinzipien hatten wir nebenbei erklärt. Natürlich nutzten sie dazu unsere internen Tools (von denen ich auch in einem späteren Kapitel berichten werde). Wir haben bei der Aufwandsschätzung ein bisschen geholfen und unterwegs Detailfragen zum Prozess beantwortet. Wir waren gespannt auf das Ergebnis. Die beiden Kollegen haben in drei Releases von je zwei Wochen eine Software entwickelt und pünktlich ausgeliefert, die wir noch heute für unseren Kundenkontakt verwenden. Die Software ist einfach zu bedienen, performant, stabil und kann alles, was wir haben wollten, plus ein paar kleine Gimmicks extra.

Offensichtlich konnten wir auf Basis unseres Prozesses auch Neulinge schnell in die Lage versetzen, ein Projekt zu planen, während der Programmierung den Plan systematisch zu aktualisieren und dabei pünktliche Auslieferungen zu realisieren!

Aber egal wie man sich auch anstrengt, nichts ändert etwas an der Tatsache, dass Plan und Realität nicht identisch sind. Jeder Plan wird durch etwas behindert, was Clausewitz[2] [3] *Friktion* genannt hat. Clausewitz erwähnt den Begriff *Friktion* das erste Mal 1806 in einem Brief an seine zukünftige Frau Maria von Brühl, etwa drei Wochen bevor die Preußen am 23. Oktober 1806 bei Jena und Auerstaedt von den Franzosen unter Napoleon geschlagen wurden. »Friktion«, schreibt er, »beschreibt die Auswirkung der Realität auf die Ideen und Absichten in einem Krieg«. Nun, ein Software-Projekt hat

1 CRM = Customer Relationship Management (Manager Slang)

2 Carl Phillip Gottfried (oder Gottlieb) von Clausewitz (1780–1831) war ein preußischer Soldat und Intellektueller. Mit 13 trat er als Kadet in die Armee ein und nahm selbst als Soldat an einer Vielzahl von Schlachten teil, u. a. gegen die französischen Armeen und Napoleon. Später wurde er Stabsoffizier mit politischer und militärischer Verantwortung im Herzen des preußischen Staates. Mit 38 bekleidete er einen Generalsrang und hatte es, trotz seiner nicht-adeligen Herkunft, in die noble und intellektuelle Gesellschaft des damaligen Berlins geschafft. Er schrieb ein Buch, Vom Kriege, das mittlerweile in fast alle Sprachen übersetzt wurde und auch heute noch als eines der einflussreichsten militärphilosophischen Werke der westlichen Welt gilt. Dieses Buch ist darüber hinaus eine wichtige theoretische Quelle für Strategen und Taktiker aus den verschiedensten Disziplinen und hat dadurch, weit über seine militärische Perspektive hinaus, eine allgemeine Anerkennung auch in nicht-militärischen Kreisen gewonnen (wie man auch hier sehen kann).

nichts, aber auch rein gar nichts mit Krieg zu tun. Trotzdem können wir alle nachvollziehen, was mit Friktion in unserem Kontext gemeint ist. Nehmen wir uns dazu eine originale Textstelle von Clausewitz vor:

> »*Es ist alles im Kriege sehr einfach, aber das Einfachste ist schwierig. Diese Schwierigkeiten häufen sich und bringen eine Friktion hervor, die sich niemand richtig vorstellt, der den Krieg nicht gesehen hat. Man denke sich einen Reisenden, der zwei Stationen am Ende seiner Tagereise noch gegen Abend zurückzulegen denkt, vier bis fünf Stunden mit Postpferden auf der Chaussee; es ist nichts. Nun kommt er auf der vorletzten Station an, findet keine oder schlechte Pferde, dann eine bergige Gegend, verdorbene Wege, es wird finstere Nacht, und er ist froh, die nächste Station nach vielen Mühseligkeiten erreicht zu haben und eine dürftige Unterkunft dort zu finden. So stimmt sich im Kriege durch den Einfluss unzähliger kleiner Umstände, die auf dem Papier nie gehörig in Betrachtung kommen können, alles herab, und man bleibt weit hinter dem Ziel.*«

Mit Friktion ist Reibung gemeint. Reibung, die zu Energieverlust führt. Zu Entropie. Wenn man also voraussetzt, dass mit Friktion gerechnet, aber nicht geplant werden kann, ist dann die Schlussfolgerung daraus, dass man das Planen unterlassen soll?

Nein, sicher nicht. Denn der Reisende, von dem Clausewitz in seinem Text spricht, hätte durch bessere Informationen vorher herausfinden können, ob auf der vorletzten Station gute Pferde sein würden und die Gegend die erforderliche Reisegeschwindigkeit zulassen würde. Das hätte dann vielleicht zu einer defensiveren Reiseplanung geführt. Aber selbst dann: Es hätte regnen können, alle Wege wären überschwemmt, und vielleicht hätte ihm kurzfristig ein anderer Reisender die Pferde an der vorletzten Station vor der Nase weggeschnappt. Was ich damit sagen möchte: Man kann nicht, indem man die Planungstiefe immer weiter erhöht, eine maximale Planungssicherheit erreichen. Gleichzeitig kann aber ein schlauer Plan durchaus in allen Punkten und Voraussagen zutreffen. Man darf nur nicht Plan und Wirklichkeit miteinander verwechseln und muss daher ständig den Plan überprüfen und aktualisieren. Das geht aber nur mit einfachen Plänen. Man braucht also einen einfachen Plan und einen dazugehörigen Prozess, um ihn aktuell zu halten.

Und daher ist es auch nicht hilfreich, wenn im *Agile Manifesto* [5] die Maximen »*Individuals and interactions over processes and tools*« und »*Responding to change over following a plan*« ausgegeben werden. Auch wenn die Autoren sagen, dass die rechte Seite der Aussagen wichtig ist, so wird die linke Seite doch höher gewichtet. Aber müssen nicht beide Seiten gut ausbalanciert sein?

Nachdem ich mich entschieden hatte, ein Buch über »unseren Prozess« zu schreiben, habe ich damit begonnen, mich sehr intensiv mit den anderen Agilisten zu befassen.

Jim Highsmith hat ein sehr gutes Buch [6] geschrieben, in dem alle wichtigen agilen Eco-Systems[3] beschrieben werden. Er fasst zusammen,

- dass Ziele zwar erreichbar, aber nicht vorhersehbar sind,
- dass Prozesse Konsistenz erzeugen, aber nicht wiederholbar sind und
- dass kollaborative Werte und Prinzipien wichtiger sind, als definierte Prozesse.

Wenn man den Alltag in vielen Software-Firmen und IT-Abteilungen betrachtet, mag man dem zustimmen. In allen Büchern zum Thema wird immer wieder auf die Verständnislosigkeit der Manager hingewiesen, dass Software-Projekte aus der Sicht des Programmierers schwer planbar sind. Manager versuchen dem entgegen zu wirken, indem sie rigorose Prozesse und Richtlinien in ihren Organisationen einführen, die für die Entwicklung von Software praktisch gesehen nicht geeignet sind. Und sie stellen Projektleiter ein, die die Programmierer führen sollen, aber selbst keine Ahnung von den technischen Inhalten und den Friktionen in einem Software-Projekt haben. Sie versuchen dadurch, Kontrolle über die »Geheimwissenschaft« der Programmierung zu gewinnen.

Fast erinnert mich das ein wenig an die Alchimisten des Mittelalters und die Fürsten, für die sie geforscht und gearbeitet haben. Der Fürst kommt ins Labor und fragt: »Wann kann ich Blei in Gold verwandeln?« Der Alchimist anwortet, dass er kurz vor der Lösung des Problems stehe. Ich war nicht dabei, aber ich nehme an, dass viele Alchimisten dieses Frage-und-Antwort-Spiel nicht sehr lange überlebt haben.

So ist es auch in der Software-Entwicklung. Nur, dass die Fürsten von heute präventiv Projektmanager zwischen den Fürsten und den Alchimisten stellen. Übertragen wir die Situation einmal ins Mittelalter: Der Fürst kommt ins Labor und fragt den Projektmanager, wann er denn nun endlich Blei in Gold verwandeln kann. Der Projektmanager zeigt seinen Projektplan, einen riesigen Berg Spezifikationen und chemische Formeln und sagt: »In drei Wochen!« Der Alchimist hört die Unterhaltung, traut sich aber nicht, etwas zu sagen. Nach drei Wochen kommt der Fürst wieder ins Labor und wird vom Projektmanager mit einem neuen Termin vertröstet. Das passiert noch einige Male. Der Projektleiter schimpft mit dem Alchimisten und sagt, dass das doch wohl nicht so schwer sein könne. Schließlich treffen der Fürst und der Projektleiter eine Entscheidung: »Köpft den Alchimisten!« Der Projektleiter wird befördert und ein neuer Alchimist wird eingestellt.

Und das wird ewig so weiter gehen, solange die Programmierer nicht selbst das Zepter in die Hand nehmen und glaubhaft nachweisen, dass sie Projekte erfolgreich in einem kommerziellen Umfeld führen können. Solange man selbst immer behauptet, dass man etwas nicht planen und schätzen kann, werden es einfach andere für einen tun, die aber aufgrund ihrer Ahnungslosigkeit nur Schaden anrichten. Und in einem solchen Umfeld macht die Arbeit keinen Spaß und die Programmierer verzweifeln. Wir wissen alle, dass ein gutes Team von Programmierern — unabhängig vom Prozessmodell und auch ohne einen dedizierten Projektmanager — in der Lage ist, ein Projekt zur Zufriedenheit aller

3 Ich übernehme bewusst das Wort Eco-Systems, weil das Wort Ökosysteme als deutsche Übersetzung unpassend wirkt.

pünktlich fertig zu stellen. Wir sehen also, dass es prinzipiell möglich ist, es ist nur sehr schwierig und erfordert viel Erfahrung. Und Einsatz.

Zudem: Ein Modell zur Software-Entwicklung muss auch immer den Kontext berücksichtigen, in dem man sich befindet. Jedes Projekt muss einen Wert für den Auftraggeber und einen Wert für den Auftragnehmer erzeugen. Wirtschaftliche Gesichtspunkte spielen eine wichtige Rolle: Wenn ein Unternehmen höhere Kosten als Umsätze hat, dann hat es den Sinn verfehlt. Darum können wir nicht die Bedürfnisse des Managements ausklammern, Kosten und Umsätze irgendwie steuern und vorausplanen zu können. Wie schon gesagt: Wenn wir das nicht tun, dann macht es jemand anderes für uns.

Das ist auch einer der Gründe, warum die meisten agilen Vorgehensweisen meiner Ansicht nach keine Chance auf eine wirklich echte und offizielle Verbreitung in den Unternehmen haben. Sie werden immer Praktiken sein, die die Programmierer intern benutzen, um ihre Arbeit zu schaffen. Das Management wird aber den äußeren Rahmen definieren und an den Stellen nicht-agile Prozess-Pfeiler einrammen, an denen die Entwicklung keine Aussagen treffen kann und will. Die Agilisten sagen: Statt Prozesse sollen kollaborative Werte implementiert werden. Jeder Versuch, diesen unscharfen Begriff dem Management zu erklären, ist zum Scheitern verurteilt.

Was wir mit unserem Prozess wirklich anders machen, ist mir erst nach der Lektüre der Standardwerke wirklich aufgefallen: Unser Prozess, der erst für diesen Buchtitel den Namen *Feature-based Programming* erhalten hat, definiert einen minimalen und mit praktischer Erfahrung optimierten Entwicklungsprozess, der das Handwerk des Programmierens unterstützt und nur die absolut notwendigen Dokumente definiert, die gleichzeitig als Plan für das Entwicklerteam, den Kunden und das Management genutzt werden können.

FBP bedeutet im Kern, einen schlauen, möglichst einfachen Plan bis zum Ende des Projektes vorzudenken, danach zu arbeiten und diesen strikt zu aktualisieren.

FBP ist also genau das, was aus agiler Sicht eigentlich nicht geht. Nämlich, einen kompletten Plan bis zum Ende des Projektes zu machen und diesen Plan zu verfolgen. Wenn man die Standardwerke der Agilisten gelesen hat, stellt man fest, dass alle einen Plan empfehlen, aber das dann im jeweils nächsten Satz wieder ein wenig einschränken. Ich bin fest davon überzeugt: Man braucht einen schlauen Plan auf der richtigen Detaillierungsebene, den man immer im Auge hat und auf dem aktuellen Stand hält. Denn, wenn man keinen Plan hat, dann weiß man auch nicht, ob man davon abweicht. Und um zu wissen, ob man davon abweicht, muss man täglich den Zeitverbrauch und den Realisierungserfolg in Perspektive setzen können. Alles andere gleicht einem Flug im Nebel ohne Autopilot. Und ich kann sagen: Es erzeugt ein gutes Gefühl als Programmierer, weil man auf ein Ziel hinarbeiten kann. Selbst, wenn sich das Ziel manchmal auch kurz wieder entfernt, weil irgendetwas schief gelaufen ist, so weiß man doch, dass man es wieder neu definieren kann.

Wir vereinfachen das Problem also nicht einfach dadurch, indem wir das Management herausfaktorisieren, sondern wir integrieren beide Positionen in einer positiven und kollaborativen Arbeitsumgebung, in der die Programmierer die Verantwortung für ihr

Projekt selbst übernehmen und die Manager die für sie wichtigen Informationen nach geregelten, nicht arbeitsbehindernden Mechanismen erhalten. Beide Parteien kooperieren.

Auch beim FBP sind die Faktoren Mensch und Kooperation statt Kontrolle die Ausgangspunkte. Anstatt aber von kollaborativen Werten im Allgemeinen zu sprechen, ist es wichtig, genau zu sagen, welche Werte, Prinzipien, Praktiken und Prozesse sich bewährt haben. Das machen agile Vorgehensweisen oft anders: Es werden immer nur die Prinzipien erklärt und dann wird jeder ermutigt, sich selbst seinen eigenen Weg zu definieren. Aber leider hat nicht jeder die Fähigkeit und Erfahrung, eine Gruppe von Menschen in ein autonomes, kollaboratives Kollektiv zu verwandeln. Und nicht jeder hat die langjährigen Erfahrungen, einen eigenen Prozess auf Basis von Büchern und Prinzipien zu entwerfen. Es gibt auch nicht genügend erfahrene Trainer, die das leisten können. Jeder Agilist bezeichnet sein Modell als Baukastensystem.

FBP ist kein Baukastensystem. Es ist genau eine optimale Lösung für das Problem einer systematischen Software-Entwicklung, für die es mehrere optimale Lösungen — und ganz viele suboptimale Lösungen — gibt. Nach unseren Kriterien ist FBP optimal, auch wenn es sicher keine Silver Bullet für alle Klassen von Software-Projekten ist. Für die meisten Projektsituationen kann es jedoch out-of-the-box eingesetzt werden.

FBP ist eine minimale, optimale Methodologie. Diese minimale, optimale Methodologie ist sozusagen der Schmierstoff, der die Friktion verringert, aber sie leider auch nicht verhindern kann. Ich kann Sie nicht daran hindern, FBP zu verändern. Ich kann Sie aber bitten, es erst auszuprobieren und Erfahrungen damit in der Praxis zu gewinnen. Erst dann kann man auch Änderungen daran vornehmen.

Und so komme ich zurück zu dem Wort von Konfuzius, das als Zitat die Einleitung zu diesem Kapitel gibt: »*Er predigt nur das, was er zuvor schon selbst in die Tat umgesetzt hat.*«

Viel Spaß beim Lesen und Ausprobieren!

1.2 Danksagungen

Bei der Herstellung dieses Buches haben mir GNU/Linux, Lyx, LaTeX, Emacs, Ruby und Make geholfen. Vielen Dank an euch!

Feature-based Programming (FBP) ist durch das ständige Ausprobieren, Fehler machen, Nachdenken, Diskutieren und konstruktive Verbessern mit meinen Kolleginnen und Kollegen bei freiheit.com technologies entstanden. Besonderer Dank gebührt vor allem Claudia Dietze, Jörg Kirchhof, Manfred Hein, Sebastian Mangels, Patricia Benfer und Christoph Krohne. Das ist das Gründungsteam und wie es in einer jungen Firma wohl sein muss, haben wir viele Nächte zusammen geplant, gekämpft und programmiert, um nicht nur gute Software herzustellen, sondern diese auch noch pünktlich auszuliefern.

Jedes Jahr sind wir besser darin geworden und dazu haben Thorsten Ehlers, Henner Zeller, Kolja Fricke und Enno Gardain einen großen Anteil beigesteuert.

Einen wesentlichen Einfluss auf FBP hat Claudia Dietze gehabt, unsere General Managerin, die aus unserem Hitech-Hotshop ein professionelles Unternehmen gemacht hat und die das beste Beispiel dafür ist, dass Manager und Programmierer gemeinsam in einer perfekten Symbiose Sinn stiften können. Das hatte ich in dem Ausmaß in meiner ganzen vorherigen Karriere noch nie so erlebt. Und das hat natürlich auch das Konzept des Feature-based Programming beeinflusst und wird auch dort, wo sich FBP weiter ausbreitet, positive kulturelle Auswirkungen auf andere Firmen und Organisationen haben, die kommerzielle Entwicklung betreiben.

Jörg Kirchhof möchte ich auf diesem Wege sagen, dass es definitiv die beste Entscheidung war, gemeinsam den Traum vom »perfekten Programm« in Form einer Software-Firma zu leben. Konfuzius sagt: »*Schließe Freundschaft mit denen, die aufrichtig sind, mit denen, die verständnisvoll sind und mit denen, die kenntnisreich sind*«. Jedem, der eine eigene Firma gründen will, wünsche ich so intelligente und zuverlässige Partner wie Claudia und Jörg!

Ich wäre jedoch nie so weit gekommen, wenn ich nicht unterwegs immer wieder Mentoren gehabt hätte, die mir die Freiheit gegeben haben, eigene Ideen zu entwickeln und umzusetzen: Dr. Wolfgang Hiller, Dr. Manfred Heinke, Dr. Lutz-Peter Kurdelski vom Alfred-Wegener Institut für Polarforschung, die mir als Student Geld dafür bezahlt haben, dass ich auf wundervollen Unix-Maschinen und auf der VAX Programme schreiben durfte. Heute gebe ich es zu: Ich hätte es auch umsonst getan!

Am Institut für angewandte Systemtechnik war es Dr. Hans Held, der mir freie Hand für unkonventionelle Ideen gab. Dort habe ich mir auch einige Projektmanagement-Tricks von Dr. Geleyn Meiyer abgeschaut, der — in Bildern gesprochen — wirklich alle Bälle, die er hochgeworfen hat, auch immer wieder auffangen konnte. Und ich durfte mit und für Dr. Gert Veltink arbeiten, der wahrscheinlich einer der besten Informatiker ist, die ich überhaupt kennen gelernt habe.

Heute sind es unsere Kunden, die uns vertrauen und an uns glauben: Vor allem Martin Meister vom travelchannel, der uns angeheuert hat, obwohl wir keine Erfahrungen in der Reisebranche hatten. travelchannel war auch der Pilotkunde, mit dem wir die FBP-Konzepte ausprobieren konnten: Mit dem Unterschied, dass das Versuchsobjekt auch noch dabei mitgeholfen hat, Ideen und Vorgehensweisen zu verbessern. Besonders zu nennen sind Daniel Fett, Dr. Henning Stemper, Jürgen Sassner, Thomas Hardtmann und — last but not least — Timo Carl!

Von DaimlerChrysler möchte ich noch den immer gut gelaunten und immer kreativen Reinhold Evers und Uwe Kaiser erwähnen, mit denen ich seit fast 10 Jahren Anwendungen konzipiere und umsetze. Reinhold hat voller Energie einen wichtigen Satz gesagt, als ich über die Gründung einer eigenen Firma nachgedacht habe: »Mach das! Zu tun gibt's genug!« Und last but not least geht ein Dank an Christian Menzel bei der DaimlerChrysler Vertriebsorganisation Deutschland für die produktive Betrachtung, wie FBP aus der Sicht eines Auftraggebers eingesetzt werden kann.

Und zum Abschluss nun für jeden eine Warnung, der selbst ein Buch schreiben möchte: Das ist sehr aufwändig und man ist auf die Hilfe anderer angewiesen. Mir haben mit ihrer

Unterstützung und ihrem Feedback Patricia Benfer, Martin Schmidt, Florian Hawlitzek und Martin Asbach von Addison-Wesley sehr bei der Umsetzung dieses Buches geholfen.

1.3 Wie ist das Buch aufgebaut?

Die Einleitung haben Sie gerade hinter sich gebracht. Es freut mich, dass Sie weiterlesen.

Teil I, Feature-based Programming im Vergleich, beschreibt das Vorgehen in einem typischen Software-Projekt und in einem Feature-based Programming-Projekt. Hier werden schon einige Begriffe und Vorgehensweisen erläutert, die erst später weiter detailliert werden. Der Leser bekommt einen ersten Eindruck und Überblick, wie FBP idealerweise funktioniert.

Teil II, Feature-based Programming im Detail, verfeinert nun alle Aspekte und liefert für alle Elemente sowohl Definitionen als auch detaillierte Beschreibungen. Jetzt sind alle Voraussetzungen vorhanden, um FBP selbst auszuprobieren.

Teil III, Feature-based Programming-Techniken, geht darauf ein, wie man Software entwerfen und das Design systematisch verbessern kann.

Teil IV, Feature-based Programming Teams, beschäftigt sich mit kulturellen und organisatorischen Aspekten und damit, wie Teams aufgebaut und eine kreative und produktive Arbeitsatmosphäre hergestellt werden kann. Dazu gehört auch die Führung und Steuerung von Teams.

Teil V, Feature-based Programming-Werkzeuge, gibt einen Einblick, welche Werkzeuge wir uns selbst für die Prozess- und Entwicklungsunterstützung im FBP gebaut haben. Alle Werkzeuge haben das Ziel, wiederkehrende, notwendige Tätigkeiten, die keiner gerne ausführt, soweit es geht zu automatisieren.

Ich empfehle, das Buch von vorne nach hinten zu lesen.

Für einen schnellen Durchlauf kann man zur Einleitung die Kapitel 4 und 5 lesen und anschließend das Kapitel 7 durcharbeiten.

Auf ein Wort

Wenn man etwas auf Basis der eigenen Erfahrungen formuliert, dann fallen zwangsläufig die Worte »ich« und »wir«. Ich habe trotzdem versucht, dies so weit wie möglich zu vermeiden. Es ist schwierig. Gelungen ist es mir daher nicht immer.

I Feature-based Programming im Vergleich

2 Definition: Wann ist ein Projekt gescheitert?

In der Software-Entwicklung gibt es eine Konstante, die fast so zuverlässig ist wie die Zahl Pi : Mehr als 70 % aller Software-Projekte scheitern. Es gibt eine ganze Reihe von Studien zu diesem Thema. Auch Kent Beck weist bereits im Inhaltsverzeichnis von [1] darauf hin: »*Software development fails to deliver, and fails to deliver value. This failure has huge economic and human impact. We need to find a new way to develop software*«. Woran erkennen wir, dass ein Projekt gescheitert ist oder dass es scheitern wird?

Um das feststellen zu können, brauchen wir eine Definition, mit der wir ein erfolgreiches Projekt erkennen und von einem gescheiterten Projekt unterscheiden können.

Ein Projekt ist erfolgreich, wenn

- es pünktlich zum geplanten Zeitpunkt fertiggestellt und ausgeliefert ist,
- es im Rahmen der geplanten Kosten realisiert wird,
- es alle in Auftrag gegebenen Anforderungen/Eigenschaften enthält/besitzt,
- die Software bei Auslieferung fehlerfrei[1] ist,
- die Software bei Auslieferung performant ist.

Es ist nicht erfolgreich, wenn eines der genannten Kriterien nicht erfüllt ist.

Als Nebenbedingung gilt, dass die gestellten Anforderungen in dem gegebenen Zeitrahmen realisierbar sein müssen. Eine Aufgabe wie: »Realisieren Sie einen Powerpoint-Clone. Sie haben drei Tage Zeit.«, kann offensichtlich nicht funktionieren.

---

1 Fehlerfrei bedeutet hier, dass die Software keine »Showstopper« enthält, also Fehler, die die Benutzung komplett verhindern.

3 Anatomie eines klassischen Software-Projektes

Wer in der Software-Entwicklung arbeitet, der kennt die in der folgenden Geschichte verpackten Probleme. Auch wenn die Story ein wenig überspitzt formuliert ist, so ist doch nichts davon übertrieben: In einem typischen Projekt treten noch weit mehr solcher Probleme auf.

Schauen wir uns gemeinsam an, wie ein typisches Software-Projekt oft abläuft. Die Ausgangslage ist einfach: Ein Kunde beauftragt einen Software-Dienstleister (oder eine interne Entwicklungsabteilung) mit der Realisierung einer Anwendungs-Software.

3.1 Spezifikation

In einem typischen Software-Projekt wird vom Projektleiter zunächst gemeinsam mit dem Kunden eine umfangreiche Spezifikation erstellt. Diese kann mehrere hundert Textseiten umfassen. Hinzu kommen Besprechungsprotokolle, telefonische Absprachen zwischen dem Projektleiter und dem Kunden, E-Mails und weitere Dokumente vom Kunden und von anderen beteiligten Dienstleistern.

Der Projektleiter, der die Spezifikation erstellt und die Kommunikation mit dem Kunden führt, ist meist jemand mit einem betriebswirtschaftlichen Hintergrund und Erfahrungen im Projekt-Management. Vielleicht hat der Projektleiter auch früher einmal selbst programmiert und ist aus dieser Position in die Projektleitung befördert worden. Oft hat der Projektleiter aber auch keine bis wenig Erfahrung in der Programmierung. Manchmal auch keine im Projekt-Management.

3.2 Software-Design und Architektur

Der Projektleiter detailliert dann die Spezifikation und erstellt einen Software-Entwurf. Je nach Projektstruktur nimmt der Projektleiter hier die Rolle eines Software-Architekten ein. In manchen Fällen ist einem Projekt ein spezieller Software-Architekt zugeordnet. Ein Software-Architekt soll die Anwendungsarchitektur entwerfen und bestimmt damit das Design der Software. Ein Software-Architekt sollte daher ein erfahrener Projektleiter und Programmierer sein. In den meisten Fällen programmieren Software-Architekten nicht mehr aktiv in Projekten mit. Es gibt auch Software-Architekten, die sich auf das Design von Software spezialisiert und nur wenig Erfahrung in der Programmierung haben.

Software-Architekten definieren ein Software-Design, das von den Programmierern eigentlich nur noch »runterprogrammiert« werden muss. Dafür verwenden sie oft teure, moderne Modellierungswerkzeuge, mit denen sie UML-Diagramme herstellen. Auf Knopfdruck wird das Design-Dokument in den verschiedensten Dokumenten-Formaten von PDF bis HTML generiert. Aus den Modellen kann auch der Code generiert werden, auf dem die Programmierer dann später aufsetzen sollen. Somit ist der Dienstleister auch in der Lage, günstige Programmierer zu beschäftigen, die ihr dürftiges Wissen in einer kurzen Umschulung als Seiteneinsteiger erworben haben. Die komplizierte Arbeit des Software-Designs wird ja von den Experten im Vorfeld erledigt.

Spezifikation und Design werden zu Beginn der Entwicklung eingefroren, da diese den vertraglich vereinbarten Leistungsumfang darstellen.

3.3 Aufwandsschätzung und Realisierungsplan

Auf Basis der Spezifikation und des Designs wird nun ein Realisierungsplan erstellt. Um bestimmen zu können, wie viel Zeit für die Realisierung benötigt wird, muss zuvor eine Aufwandsschätzung erstellt werden. Das ist eine der schwierigsten Aufgaben bei der Entwicklung von Software, da eine Abschätzung im Wesentlichen nur auf Basis vorhandener Erfahrungen durchgeführt werden kann. Erschwerend kommt hinzu, dass der Zeitrahmen für ein Software-Projekt auch durch den vom Kunden gewünschten Fertigstellungstermin determiniert wird. Auch das Budget, also wie viel Geld für die Realisierung zur Verfügung steht, steht oft schon fest. An diesen Randbedingungen kann in vielen Fällen nichts mehr verändert werden, sodass bei der Realisierungsplanung auch festgestellt werden muss, welche Anforderungen des Kunden in dem gesetzten Zeit- und Budgetrahmen realisiert werden müssen und welche realisiert werden können.

Da auf der Seite der Projektleitung oft — wie bereits oben erwähnt — die technische Erfahrung für eine realitätsnahe Abschätzung fehlt, wird Erfahrung oft durch mehr oder weniger systematisches Raten ersetzt: Um eine Abschätzung abgeben zu können, wird ein Aufwand geschätzt, der sich am (möglicherweise) verfügbaren Budget, den internen Kosten des Entwicklungsteams plus einer Gewinnmarge und dem gewünschten Realisierungszeitraum orientiert. Der zu realisierende Funktionsumfang fließt zudem als Randbedingung mit in die Schätzung ein.

3.4 Programmierung und Änderungen an der Spezifikation

Diese Zahl und der Zeitplan für die Umsetzung werden dem Kunden präsentiert. Da ja nun alle für den Kunden wichtigen Parameter wie Umfang der Leistung, Zeit und Budget wie gewünscht definiert sind, kann das Projekt beauftragt werden. Die Entwicklung wird gestartet.

Jetzt kommen das erste Mal die Programmierer ins Spiel. Die Programmierer erhalten von der Projektleitung die Spezifikation und das zu realisierende Software-Design (und vielleicht auch aus den Modellen generierten Code) und beginnen mit der Realisierung. Während der Realisierung stellt sich heraus, dass die Spezifikation nicht vollständig und das Software-Design nicht ganz korrekt ist. Darum werden von den Programmierern

Annahmen über die fehlenden oder nicht genug detaillierten Spezifikationsteile getroffen, weil die Programmierer keinen direkten Kontakt zum Kunden haben. Da es sich um Annahmen handelt, stimmen diese in den meisten Fällen nicht mit den eigentlichen Anforderungen des Kunden überein.

Während die Entwicklung läuft, dreht sich die Welt natürlich weiter. Der Kunde entdeckt neue Anforderungen, die er gerne zur bestehenden Entwicklung hinzufügen möchte. Dem Kunden fallen auch Anforderungen auf, die er zwar irgendwie von Beginn an im Kopf hatte, die aber nicht in der Spezifikation enthalten sind. Oft nimmt er an, dass die Anforderungen so klar durch sein Problemfeld definiert sind, dass sie im abgeschätzten Aufwand automatisch enthalten sein müssen. Darum weist er auch den Projektleiter nicht darauf hin, dass in der Spezifikation offensichtlich Anforderungen fehlen. (Vielleicht wurden diese sogar irgendwann einmal in irgendeinem Meeting oder einer E-Mail erwähnt.)

Der Projektleiter hat jetzt drei Möglichkeiten, mit neuen und geänderten Anforderungen umzugehen, die der Kunde nach Abschluss der Spezifikationsphase formuliert:

1. Er kann sie mit in den bestehenden Realisierungsplan aufnehmen.
2. Er kann ein zusätzliches Budget für die Realisierung einfordern.
3. Und er kann sie einfach ignorieren.

Je nach Zeitpunkt wird vom Projektleiter eine der drei Strategien gewählt: In frühen Projektphasen werden Anforderungen oft kostenfrei aufgenommen. Später, wenn die Entwicklung weiter fortgeschritten ist oder dem Kunden aus Sicht der Projektleitung bereits genug Zugeständnisse gemacht wurden, werden neue Budgets für neue Anforderungen eingefordert. Wenn der Kunde dann noch später weitere Anforderungen hat, aber über keine weiteren finanziellen Spielräume verfügt, dann werden die Anforderungen ignoriert.

Wenn neue Anforderungen von der Projektleitung vereinbart werden, muss das natürlich den Programmierern mitgeteilt werden. Es gibt zwei Möglichkeiten, den Programmierern neue oder geänderte Anforderungen mitzuteilen. Erstens: Der Projektleiter gibt den Programmierern eine neue Version der Spezifikation. Oder zweitens: Er schickt ihnen eine E-Mail mit den vereinbarten Anforderungen. Da die Spezifikation in Prosaform vorliegt, kann die Änderung einer Anforderung oder auch die Definition einer neuen Anforderung über viele Textstellen im ganzen Dokument verteilt sein. Dann müssen die Programmierer die gesamte Spezifikation erneut durchlesen, um selbst bestimmen zu können, was nun eigentlich getan werden muss. Bei einer E-Mail-Mitteilung entsteht das Problem, dass diese Anforderungen leicht aus den Augen verloren werden, da sie nicht direkt ein Teil der Spezifikation sind und nicht systematisch in die weitere Realisierung eingeplant werden.

3.5 Aktualisierung des Realisierungsplans

Wie auch immer die Mitteilung erfolgt, die Anforderung muss im Realisierungsplan berücksichtigt werden. Natürlich sollen die Randbedingungen Zeit und Budget dabei nicht verändert werden. Selbst wenn zusätzliches Budget vorhanden ist, darf meist der Endtermin nicht verschoben werden. Den Programmierern bleibt dann nur die Wahl, ihre Leistung zu verdichten (also in der gleichen Zeit mehr zu arbeiten) oder den Endtermin der Auslieferung zu ignorieren. Wenn sie sich für das Ignorieren entschieden haben, dann sagen sie das natürlich nicht dem Projektleiter, da angenommen wird, dass dieser sowieso kein Verständnis dafür hat.

So werden während der Entwicklungszeit stetig neue Anforderungen hinzugefügt.

Der Projektleiter fragt das Programmiererteam regelmäßig nach dem Stand der Entwicklung. Am liebsten möchte er Aussagen in Form von Prozentzahlen, die sich auf bestimmte Teile der Anwendung oder auch auf die Gesamtanwendung beziehen. Diese Prozentzahlen trägt er dann z. B. in Projekt-Management-Tools wie MS-Project ein. Die Zahlen präsentiert er dann als übersichtliche Schaubilder dem Management des Kunden und dem Management seiner Firma bzw. seiner Abteilung.

Ab einem bestimmten Zeitpunkt wird er auf die Frage nach dem Stand der Entwicklung immer die gleiche Antwort bekommen. Die Programmierer sagen dann: »Wir sind zu 98 % fertig!« Aber keiner weiß genau, was die letzten zwei Prozent sind und wie lange deren Realisierung noch dauern wird. Es kann auch sein, dass er zu hören bekommt: »Wir sind zu 98 % fertig, aber man kann noch nichts sehen.« (Wir nennen das das 98 %-Syndrom.)

Natürlich fordert der Projektleiter zwischendurch Prototypen von den Programmierern, die er selbst beim Kunden präsentieren kann. Er lässt den Kunden aber die Anwendung nicht selbst ausprobieren, da er natürlich die Bedienung des Prototyps vorher eingeübt hat und nur er weiß, auf welche Knöpfe gedrückt werden muss, ohne dass die Anwendung abstürzt. Schließlich will er den Kunden nicht beunruhigen. Der Kunde hat so das Gefühl, dass alles genau nach Plan läuft.

Darum sind auch keine wesentlichen Aktualisierungen des Realisierungsplanes erforderlich: Die Entwickler geben eine hoffnungsvolle 98 %-Statusmeldung ab (obwohl sie innerlich wahrscheinlich schon den Endtermin aufgegeben haben) und die Prototypen der Anwendungen funktionieren (zumindest) prinzipiell, wenn man als Projektleiter genau weiß, auf welche Buttons man drücken darf und auf welche nicht.

3.6 Auslieferung und Inbetriebnahme

Je näher der Endtermin rückt bzw. je weiter die Entwicklung hinter dem Endtermin zurückliegt, umso unklarer ist eigentlich, was »fertig« bedeutet. »Fertig« ist offensichtlich eine Frage der Perspektive. Für den Kunden bedeutet es: »Ich kann es jetzt gefahrlos benutzen und es kann alles, was ich mir gewünscht habe.« Für den Projektleiter bedeutet es: »Es kann bereits so viel, dass ein Anschlussauftrag wahrscheinlich ist, in dem wir dann die ursprünglich gewünschte Anwendung realisieren können.« Für die Programmierer bedeutet es: »Das Projekt ist vorbei. Mehr war in der Zeit nicht drin. Ich hoffe, es funktioniert.«

Also kann die Software in den (Pilot-) Betrieb genommen werden. Zunächst muss die Software installiert werden. Dabei stellt die Projektleitung fest: Die Test-Hardware und Produktiv-Hardware sind noch gar nicht bestellt! Und sie ist natürlich auch noch nicht im Rechenzentrum aufgestellt. Jetzt muss erst einmal die Frage geklärt werden, welche Hardware eigentlich genau benötigt wird. Wenn die Hardware dann vorliegt, kann diese vorkonfiguriert und bereitgestellt werden.

Jetzt ist ein Installationstermin vereinbart. Leider stellen am Morgen dieses Tages die Programmierer fest, dass die ganze Anwendung gar nicht mehr funktioniert. Irgendwie muss irgendeiner der Programmierer die Zeit der Hardware-Bestellung dazu genutzt haben, noch ein paar Änderungen an der Anwendung vorzunehmen. So wird dem Kunden dann kurzfristig mitgeteilt, dass die Installation komplett verschoben werden muss.

Da der Kunde aber leider kurz nach dem Entwicklungsende einen Urlaub geplant hatte, verschiebt sich der Installationstermin um einige Wochen weiter nach hinten.

Die Zeit vergeht. Schließlich klappt es. Die Anwendung wird installiert und gestartet. Aber sie funktioniert nicht. Neben vielen Problemen mit den Unterschieden in der Rechnerkonfiguration zwischen der Entwicklungs- und der Produktivumgebung, kann man von außen gar nicht auf die Anwendung zugreifen. Was ist geschehen? Natürlich müssen einige Firewall-Einstellungen beim Kunden intern angepasst werden. Das hat die interne IT-Abteilung natürlich nicht wissen können. Jetzt soll diese von einem Moment auf den anderen das anpassen.

Das geht so einfach nicht. Dafür muss erst einmal ein Change-Request beim Systems Management eingereicht werden. Dessen Bearbeitung, Genehmigung und Umsetzung dauert natürlich ein paar Tage. Vorher müssen die Programmierer allerdings selbst herausfinden, welche Konfigurationen überhaupt vorgenommen werden sollen und welche Ports in der Firewall für welche IP-Adressen und Protokolle freigegeben werden müssen. Im Entwicklernetzwerk hat ja schließlich alles super funktioniert.

Nach langem Hin und Her läuft alles.

3.7 Produktivbetrieb, Stabilität und Performance

Weil der Kunde es gewohnt ist, dass Software nach der Auslieferung nicht funktioniert, wird erst mal ein Pilotbetrieb vorgenommen. Hierzu wird eine Gruppe von erfahrenen Computer-Benutzern zusammengestellt, die sich nicht so leicht von einer nicht funktionierenden Anwendung aus dem Konzept bringen lassen.

Die Pilot-User stellen fest: Wenn mehr als ein Benutzer auf die Anwendung zugreift, wird diese total langsam! Die Pilot-User, die trotzdem weiter mit der Anwendung arbeiten, werden durch die regelmäßigen Fehlermeldungen und Abstürze weiter ausgebremst.

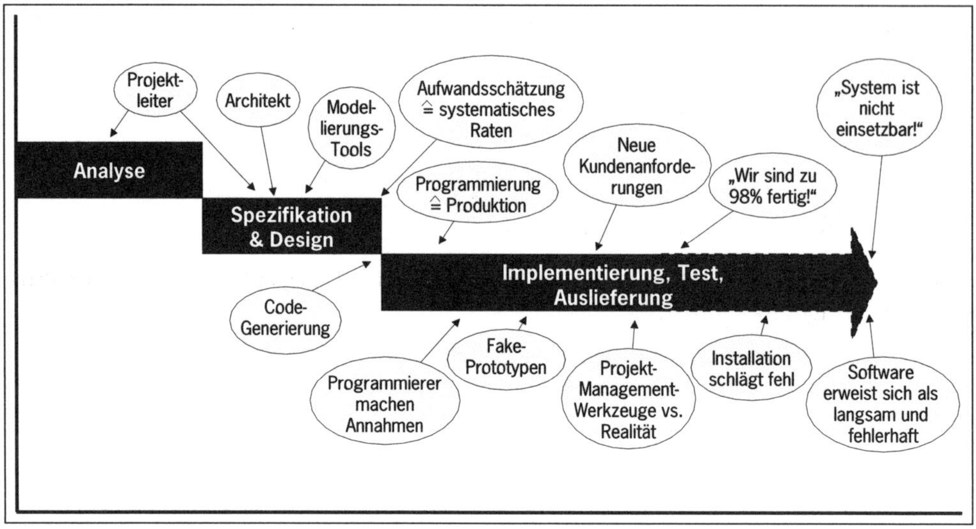

Abbildung 3.1: Klassische Entwicklungsprozesse haben sich bis heute nicht bewährt.

Da die Programmierer komplett damit ausgelastet waren, die Anwendung überhaupt zum Laufen zu bringen, hat keiner Zeit dafür gefunden, die Anwendung auch unter realistischen Lastbedingungen zu testen. Und weil die Entwicklung sowieso hinter dem Zeitplan war, sind die Programmierer noch gar nicht beim Debugging angekommen. Die Folge ist, dass die Fehler während des Pilotbetriebs entfernt werden müssen.

Leider ist das Entwicklungsbudget bereits aufgebraucht und der Projektleiter steht unter Druck. Die Programmierer sind für ein anderes Projekt gebucht. Für die Fehlerbehebung und Performance-Optimierung ist leider kein Geld mehr da. Je nach Mentalität erstreitet sich der Projektleiter weiteres Budget beim Kunden (obwohl der Kunde eigentlich davon ausgegangen war, dass man Fehlerfreiheit und Performance nicht extra beauftragen muss) oder er »versteckt« intern die Aufwände in anderen Projektbudgets bei dem gleichen oder auch anderen Kunden.

Nach einem sehr langen Pilotbetrieb ist die Anwendung dann endlich fertig und kann in den Produktivbetrieb übernommen werden.

3.8 Was ist jetzt eigentlich schief gelaufen?

Die Geschichte endet mit einem abgeschlossenen Projekt und hat damit eigentlich ein Happy End. Das ist aber in den meisten Fällen leider nicht so. Seit dem Beginn der kommerziellen Entwicklung gibt es eine Konstante, die fast so sicher ist wie die Zahl PI: Über 70 % aller Software-Projekte scheitern. Etwa 30 % davon werden vor der Auslieferung komplett eingestellt. Die anderen überziehen Zeit und Budget erheblich (im Schnitt um etwa 200 %) und liefern dabei aber nur durchschnittlich 40 % des vereinbarten Leistungsumfanges aus. Es gibt also durchaus eine Vielzahl anderer Endings für eine solche Geschichte, die kein Happy End darstellen und sogar oft vor Gericht als Streitfall landen. (Wobei ich annehme, dass es keinen Fall gibt, bei dem der Kunde sein Geld zurückbekommen hat.)

Aber was ist denn eigentlich schief gelaufen? An welcher Stelle hätte man anders vorgehen müssen?

Warum scheitern Projekte? Liegt es an der Organisation, an der Teamstruktur oder an der Auswahl der technischen Mittel?

Schauen wir uns dazu ein Entwicklungsprojekt an, das auf Basis von Feature-based Programming umgesetzt wird.

4 Anatomie eines Feature-based Programming-Projektes

Natürlich ist die Ausgangslage die gleiche: Ein Kunde beauftragt einen Software-Dienstleister (oder eine interne Entwicklungsabteilung) mit der Realisierung einer Anwendungs-Software.

4.1 Der Einkaufszettel des Kunden: Die Feature-Liste

Nehmen wir an, es wäre eine neue Business-Software zu entwickeln: Um herauszufinden, was der Kunde benötigt, wird zunächst eine detaillierte Analyse der Arbeitsprozesse beim Kunden gemacht. Alle Aufgaben in einem Geschäftsprozess werden in ihre einzelnen Tätigkeiten zerlegt. In Workshops überlegen wir gemeinsam mit dem Kunden, welche Tätigkeiten durch die Software unterstützt werden können und sollen. Diese Elemente der späteren Software nennen wir Features.

Anstatt aus den Erkenntnissen der Analyse ein dickes Textdokument zu erzeugen, erstellen wir eine tabellarische Aufstellung aller gewünschten Features, die Feature-Liste.

Obwohl Software natürlich in mehreren logischen Schichten (Layern) konzipiert wird, werden die Features als Durchstiche durch die Layers, also z. B. von der Anwendungsoberfläche, über den Server, bis runter zur Datenbank spezifiziert werden. Somit begegnen wir dem häufig anzutreffenden Problem, dass die Anwendung auch Schicht für Schicht implementiert wird. Wenn sich die Programmierer vom untersten Layer bis zum User-Interface hochgearbeitet haben, stellt man oft fest, dass die Schichten nicht richtig zusammenpassen. Dies ist meist der Grund für das weiter vorne erwähnte 98 %-Syndrom.

Features werden immer aus der Sicht und in der Sprache des Kunden formuliert. Der Kunde muss das Feature selbst verstehen. Darum werden keine technischen Einzelheiten der Implementierung in die Feature-Beschreibung aufgenommen, sondern nur was der Kunde erhält, aber nicht wie oder auf welche Art es implementiert wird.

Damit der Kunde sich das besser vorstellen kann, sollte parallel ein grafisches Oberflächen-Design erstellt werden. (Dies gilt natürlich nur für Anwendungen, die eine grafische Oberfläche haben. Feature-based Programming funktioniert auch bei Software, die keine grafische Oberfläche besitzt.)

Parallel zur Feature-Liste wird ein Design-Dokument erstellt, in dem die der Software zugrunde gelegten Geschäftsprozesse, die technische Architektur und alle nicht-funktionalen Anforderungen etc. dokumentiert werden. Das Dokument enthält kein Detail-Design leicht-flüchtiger Spezifikationen wie z. B. Entity-Relationship-Diagramme oder Objektmodelle. Das Design-Dokument ist ein Add-on zur Feature-Liste, bei dem man darauf achten muss, nicht implizit Features zu spezifizieren, die dann nicht in der Feature-Liste auftauchen! Der Grund ist: Es soll nur einen Ort geben, der eine genaue Aufstellung aller zu implementierenden Features enthält und das ist die Feature-Liste. Gleiches gilt für E-Mails, Meeting-Protokolle und andere Dokumente: Feature-Beschreibungen müssen extrahiert und in die Feature-Liste übertragen werden.

Beim Feature-based Programming ist ein Programm-Manager für die Erstellung der Feature-Liste verantwortlich. Dieser ist der erfahrenste Programmierer im Entwicklerteam. Er wird auch bei der Implementierung der Features direkt beteiligt sein und programmiert aktiv in jedem Projekt mit. Er ist immer auf dem Laufenden, was neue Technologien und Trends betrifft und probiert ständig Neues aus, um beurteilen zu können, was reif ist für den praktischen Einsatz und was nicht. Weil er auch immer noch selbst programmiert, kann er den Kunden auch inhaltlich gut beraten und Konzepte erstellen, die auch wirklich machbar sind. Zudem hat er das Vertrauen des Entwicklerteams, weil er ein Primus Inter Pares, ein »Erster unter Gleichen« ist, denn er hat die meiste Erfahrung und ist selbst ein guter Programmierer. Natürlich verfügt er auch über die Fähigkeit, mit dem Kunden offen, schnell und zuverlässig zu kommunizieren. Er versteht den Kunden und kann dessen Anforderungen klar und deutlich formulieren. Er sieht dabei die technische Lösung immer vor seinen Augen, verwirrt aber den Kunden nicht mit technischen Einzelheiten.

Im ersten Schritt wird zu jedem Feature eine Kurzbeschreibung (sozusagen der Name eines Features) und eine Langbeschreibung erstellt, die möglichst genau das gewünschte Feature beschreibt. Features sollten nicht überschneidend sein. Jedes Feature sollte genau einen Sachverhalt beschreiben, den man nach der Implementierung als »fertig« abhaken kann.

Als Ergebnis halten wir jetzt eine tabellarische Aufstellung aller vom Kunden gewünschten Features in unseren Händen. Der Kunde kann sich nun schon eine sehr gute Vorstellung vom Endprodukt machen, wenn er die Feature-Liste und das Design der grafischen Oberfläche nebeneinander legt und durcharbeitet.

Jetzt kann der Aufwand geschätzt und die Zeitplanung gemacht werden.

Für jedes Feature wird der Aufwand in Min-/Max-Form geschätzt. Wir schätzen immer in Manntagen. Jedes Feature sollte nicht mehr als fünf Tage Aufwand kosten, sonst ist es zu groß und muss weiter zerlegt werden. Ein erfahrener Programm-Manager hat das bei der Erstellung der Feature-Liste natürlich schon berücksichtigt und die Features entsprechend zugeschnitten. Wenn man das ein paar Mal gemacht hat und den geschätzten Aufwand dann auch mit dem tatsächlich angefallenen Aufwand vergleichen kann, entsteht sehr schnell ein Erfahrungswissen, das für die Abschätzung von Projekten in Zukunft erweitert und genutzt werden kann.

Für jedes Feature wird genau ein verantwortlicher Programmierer bestimmt. Denn die Erfahrung hat gezeigt, dass wenn mehr als eine Person für irgendetwas verantwortlich ist, dann keiner verantwortlich ist. Das ist menschlich.

Für jedes Feature wird nun vom verantwortlichen Programmierer, in Abstimmung mit dem Programm-Manager, eine Schätzung abgegeben. Eine Beispielschätzung für ein Feature könnten z. B. 2,0 bis 2,5 Manntage sein. Das ist wichtig, da es sehr schwierig ist, ein

Feature genau auf den Punkt zu schätzen. Insgesamt sollte in der Gesamtsumme der Abschätzung aller Features eines Projektes maximal 30 % Abstand zwischen dem Minimal- und dem Maximal-Wert sein. Das bedeutet auch, dass wir in dem Projekt einen Puffer von höchstens 30 % einplanen. Der Kunde soll den Maximal-Wert als Projektbudget einplanen. Die Planung geht davon aus, dass der Min-Wert mindestens benötigt, der Max-Wert aber nicht überschritten wird. Somit entsteht ein Quasi-Fixpreis.

Features, die logisch zusammengehören, werden zudem als Module zusammengefasst. Das entspricht aber nicht dem technischen Begriff eines Moduls, sondern fasst lediglich bestimmte Anwendungsfunktionalitäten zusammen, die von einem Programmierer als Modul-Manager in Eigenverantwortung umgesetzt werden sollen. Dieser steht dafür ein, dass alle Features seines Moduls zu dem vereinbarten Release-Termin getestet und vollständig ausgeliefert werden können. Module können aber z. B. auch nach den organisatorischen Bereichen beim Kunden gruppiert sein.

4.2 Plan den Planlosen[1]: Der Release-Plan

Jetzt wird unabhängig von der Feature-Liste der Release-Plan aufgesetzt. Der Kunde bestimmt dabei den gewünschten Endtermin. Dann wird der nächstmögliche Starttermin festgelegt, an dem die Entwicklung beginnen soll. Damit sind schon mal Anfang und Ende bekannt. Jetzt wird dieser Zeitraum in Releases zerlegt. Ein Release sollte nicht weniger als eine Woche und nicht mehr als drei Wochen dauern. Meistens versucht man, in einem Projekt eine gleichmäßige Verteilung der Release-Termine zu erreichen, indem man die Entwicklungzeit zwischen dem Starttermin und dem Endtermin z. B. in 2-Wochen-Releases zerlegt.

Die Releases werden durchnummeriert. Gewöhnlich beginnt man bei neuen Software-Projekten mit der Release-Nummer 0.1 und erhöht die Release-Nummer so, dass das erste produktiv zu nutzende Release die Release-Nummer 1.0 trägt. Jedem Release werden jetzt Features zugeordnet. In welcher Reihenfolge Features realisiert werden, hängt von mehreren Faktoren ab. Begonnen werden sollte mit den Features, die für den Kunden am wichtigsten sind. Zudem sollten sehr schwierige Features möglichst früh begonnen werden. Bei dieser Aufteilung ist noch zu beachten, ob bestimmte Features aus rein technischen Gründen vor anderen angegegangen werden müssen.

Wenn wir als Beispiel von zweiwöchigen Releases ausgehen, dann bedeutet das zugleich, dass jedem Programmierer in diesem Zeitraum 10 Arbeitstage zur Verfügung stehen. Für eine gute Planung sollte man jetzt pro Programmierer Features mit einem Gesamtaufwand von Min 8,5 bis Max etwa 11,5 Tagen für ein Release einplanen.

Diese Verteilung bedeutet, dass man (in diesem Beispiel) alle zwei Wochen ein Release der Anwendung ausliefert, das über die bis dahin geplanten Features verfügt. Der wichtigste Punkt ist jedoch: Die festgelegten Release-Termine werden nie verschoben! Das Schlimmste, was passieren könnte, ist, dass wir ein paar Features weniger (oder mehr)

1 Leichte Abwandlung des religiösen Zitats »*Scham den Schamlosen*«.

ausliefern, aber es wäre alarmierend, wenn gar nichts ausgeliefert werden könnte! (Unter uns gesagt würde ich jedem Auftraggeber empfehlen, ein Projekt sofort abzubrechen, wenn schon die ersten zwei Release-Termine nicht wie geplant eingehalten werden.) Wir geben dem Deployment am Release-Termin sogar eine Uhrzeit am frühen Morgen (z. B. 9:00 Uhr), um damit zu kennzeichnen, dass mit dem Deployment des Releases gleich als erste Aktion am Morgen des Arbeitstages begonnen wird und am Tag des Deployments keine Programmierung für dieses Release mehr erfolgt. Denn als Programmierer denkt man oft: Das mache ich morgen früh noch mal eben schnell fertig. Das geht dann aber leider meistens schief und führt dazu, dass die Software entweder gar nicht oder erst sehr viel später am Tag ausgeliefert wird.

Sowie das Release ausgeliefert ist, wird es in der Test-Umgebung von den Programmierern auf Vollständigkeit und Fehlerfreiheit getestet. Die Auslieferung soll ein »produktionsfähiger« Code sein und kein Prototyp. Sie kann auch in den Anfangsphasen kleinere, bekannte Fehler haben, aber keine Show-Stopper, die die Benutzung und den vollständigen Test durch den Kunden — wenn auch nur in Teilen — unmöglich machen würden.

Ist alles okay, dann wird dem Kunden die Auslieferung offiziell mitgeteilt und die Kunden-Testphase für das Release kann beginnen.

4.3 GPS im Feature-Dschungel: Das Projekt-Checking

Der Kunde testet nun das Release und überprüft dabei, ob alle erwarteten Features auch ausgeliefert wurden. Er findet wahrscheinlich Bugs und deckt Missverständnisse auf, die er direkt in ein zentral verfügbares Bugtracking-Tool einträgt. Alle Bugs und Anmerkungen, die innerhalb der nächsten Tage vom Kunden gemeldet werden, werden für das nächste Release berücksichtigt und darin eingearbeitet. Dafür geben wir dem Kunden auch einen Abgabetermin: Beispielsweise drei bis vier Tage nach dem Release-Termin um 12:00 Uhr. Wir geben auch eine genaue Uhrzeit mit an, da sonst standardmäßig vom Kunden angenommen wird, dass mit dem Termin der Abend gemeint ist. Überhaupt sind besonders bei sehr kurzfristigen und kritischen Maßnahmen Uhrzeiten sehr wichtig. Der Kunde testet natürlich auch nach diesem Termin weiter und kann auch weiter Bugs und Anmerkungen melden. Diese können aber meist nicht mehr für das nächste Release berücksichtigt werden. Sie sollten dann aber möglichst in das übernächste Release einfließen. Dem Kunden einen festgesteckten Zeitraum vorzugeben, ist wichtig, damit dieser versuchen kann, alle Probleme direkt nach einem neuen Release aufzudecken. Da wir sämtliche Release-Termine über die gesamte Entwicklungszeit vorausgeplant haben, kann der Kunde sich auch in seiner eigenen Zeiteinteilung perfekt auf unsere Auslieferungen einstellen. Er weiß, dass er immer die ersten drei bis vier Tage nach einem Release für das Testing reservieren muss.

Um Missverständnisse mit dem Kunden zu minimieren, wird der Programm-Manager das erste Release gemeinsam vor Ort mit dem Kunden testen und ihn zudem in die Nutzung des Bugtracking-Tools einweisen. Bei der Gelegenheit kann er ihm beibringen, welche Informationen (Symptom, Reproduzierbarkeit etc.) für eine Bug-Meldung erforderlich sind.

Der Tag, an dem das Deployment stattfindet, dient dem Team auch dazu, spätestens jetzt Spezifikationen und Dokumente auf den aktuellen Stand zu bringen.

Auch der Tag nach dem Release-Deployment ist reserviert: Der Programm-Manager bereitet sich auf das Projekt-Checking vor, das er mit einem Projekt-Controller zusammen durchführt. Dieser Projekt-Controller ist kein Programmierer. Er beschäftigt sich nur damit, auf Basis von Zahlen den Status des Projektes für den Programm-Manager transparent zu machen. Er ist ein kritischer Sparrings-Partner, mit dem man einmal pro Release die Zahlen des Projektes betrachtet, diskutiert und sich über Maßnahmen bei Problemen Gedanken macht. Der Begriff Controlling steht im Übrigen nicht für »Kontrolle«, sondern für »steuern«. Das verstehen nicht nur Programmierer, sondern auch Manager meist falsch.

Im Projekt-Checking werden u. a. Plan/Ist-Vergleiche durchgeführt: Wie viele Features hatten wir für dieses Release geplant? Wie viele Features haben wir ausgeliefert? Sind Features unter Min? Wie viele sind über Max? So wissen wir nach jedem Release genau, wo das Projekt steht und können ggf. Kurskorrekturen vornehmen, bevor Probleme eintreten. Dieses Vorgehen gibt uns die Möglichkeit zu agieren, anstatt nur zu reagieren. Ein Beispiel: Wenn wir für ein Release 20 Features geplant haben, aber nur 5 ausgeliefert wurden, dann ist offensichtlich etwas nicht in Ordnung. Im Projekt-Checking stellen wir das spätestens fest und überlegen gemeinsam, was das Problem ist und wie es gelöst werden kann.

Das Projekt-Controlling soll das ausgelieferte Release kritisch hinterfragen! Es gilt: »*Wer mir schmeichelt ist mein Dieb. Wer mich kritisiert ist mein Freund*«.[2]

4.4 So sicher wie das Amen in der Kirche: Neue Features während der Entwicklung

Egal, wie gut wir vorausgeplant haben, egal, wie gut wir analysiert haben, der Kunde wird mit Sicherheit bereits verabschiedete Features ändern oder herausnehmen und neue Features während der Entwicklung einfordern wollen. Denn Software ist im höchsten Maße paradox. Software ist meist ein Werkzeug, mit dem eine definierte Aufgabe unterstützt werden soll. Dazu analysieren wir diese Aufgabe und legen fest, durch welche Funktionen in der Software die Aufgabe einfacher, besser oder schneller ausgeführt werden kann. Im Vorwege schauen wir uns aber die Aufgabe an, wie sie ohne die noch zu entwickelnde Software ausgeführt wird. Wenn nun die Software zur Unterstützung der Aufgabe eingesetzt wird, dann ändert sich auch die auszuführende Aufgabe, da man mit der Software noch weitere, ganz neue Möglichkeiten hat und bestimmte Teiltätigkeiten gar nicht mehr ausgeführt werden müssen.

Diese Tatsache lässt sich nur sehr schwer voraussehen. Nur durch eine evolutionäre Auslieferung der Software und das iterative Testing und frühzeitiges Ausprobieren durch den Kunden können wir uns an einen einsatzfähigen Endzustand heraniterieren. Trotzdem

2 Leicht abgewandelte chinesische Weisheit.

brauchen wir zum Entwicklungsbeginn eine nach bestem Wissen und Gewissen vollständige Feature-Liste.

Auf deren Basis können wir einen soliden Änderungsmechanismus aufbauen. Wird ein Feature inhaltlich geändert, dann wird das alte Feature als gestrichen markiert und ein neues Feature hinzugefügt. Ein nicht mehr zu implementierendes (also gelöschtes) Feature wird ebenfalls als gestrichen markiert. Neue Features werden hinzugefügt und je nach Priorität in den Release-Plan eingearbeitet. Auf Basis der bisherigen Erfahrungen bei der Implementierung der bereits ausgelieferten Features lässt sich recht gut abschätzen, ob noch Features in den bestehenden Release-Plan hineinpassen oder ob zur Umsetzung neuer Features ein weiteres Release hinten angehängt werden muss.

Da der Kunde unseren Plan kennt (wir haben nämlich nur genau einen Plan, denn der Kunde erhält die gleichen Dokumente, die wir auch für die Entwicklung benutzen), kann er selbst sehr deutlich erkennen und mitentscheiden, wie mit neuen Features umgegangen werden muss. Man muss den Plan beispielsweise nicht immer gleich verlängern, sondern kann auch andere, nicht »kriegsentscheidende« Features auf eine neue Phase nach dem Endtermin verschieben und somit Zeit für neue, als wichtiger erkannte Features »freischaufeln«.

Mit den Beschreibungen in der Feature-Liste besteht jetzt eine sehr gute Detaillierung dessen, was genau zu tun ist. Die Programmierer suchen sich zum Release-Beginn die Features in der Reihenfolge ihrer Priorität heraus. (Die Prioritäten können sich in einem Projekt oft und jederzeit ändern). Während der Programmierung werden die notwendigen Informationen zur Implementierung weiter vertieft (also nicht im Vorfeld der Entwicklung!). Für die Implementierung stimmt das Team ein gemeinsames Design ab, das dann implementiert wird. In gemeinsamen Design-Sessions wird das Design im Laufe der Releases iterativ angepasst und kontinuierlich verbessert (das nennen wir »Chinese Parliament«).

4.5 Planen, was schief gehen kann: Der Maßnahmenplan

Damit wir nicht irgendwann von Dingen überrascht werden, die wir hätten voraussehen können, führen wir einen Maßnahmenplan.

Ein Maßnahmenplan ist im Wesentlichen eine To-do-Liste. Wichtig ist: Wir führen nicht nur unsere eigenen Maßnahmen in diesem Plan, sondern die Maßnahmen von allen an dem Projekt beteiligten Partnern, einschließlich des Kunden. Wir führen aber nicht jede Kleinigkeit, sondern nur die Maßnahmen, die uns an der erfolgreichen Auslieferung hindern könnten. Wenn man schon ein wenig länger in der Software-Entwicklung arbeitet, dann weiß man, dass eigentlich immer die gleichen Dinge in einem Projekt schief gehen. Das kann man durch eine einfache Planung verhindern. Beispiele sind:

- Der Kunde muss uns weitere Detailinformationen zu einem gewünschten Feature liefern, z. B. wie die Bonitätsstufen für eine Bonitätsbewertung berechnet werden sollen.
- Eine Multimedia-Agentur muss das produzierte HTML bis zu einem bestimmten Zeitpunkt anliefern, damit es in die Anwendung eingebaut werden kann.
- Das Systems Management des Kunden muss zu einem bestimmten Termin eine Datenbank-Instanz installieren, Daten importieren oder einen Firewall-Port freigeschaltet haben.

Die erste Version des Maßnahmenplans sollte im Kickoff-Meeting der Entwicklung gemeinsam erstellt werden. Alle Partner müssen anwesend sein. Der Release-Plan wird für alle sichtbar an die Wand des Meeting-Raums projiziert. Gemeinsam können jetzt die Termine für die einzelnen Maßnahmen — anhand der zeitlichen Anforderungen, die durch den Release-Plan gesetzt sind — verabschiedet werden.

Jeder Partner sollte sich zu realistischen Terminen bekennen. Es macht keinen Sinn, Termine zu vereinbaren, von denen man schon vorher weiß, dass sie garantiert nicht eingehalten werden können. Selbst in großen Projekten überrascht es oft, dass die wirklich wichtigen Termine meist nur eine Hand voll sind. Diese Maßnahmen muss der Programm-Manager jetzt im Auge behalten. Wenn man einen Projektpartner als wenig zuverlässig einschätzt, dann sollte man schon vor Ablauf eines Termins die Möglichkeit der Einhaltung prüfen und den Partner rechtzeitig ansprechen. Generell sollte man in einem neuen Projekt alle Partner (einschließlich des Kunden) als eher unzuverlässig einschätzen, bis das Gegenteil bewiesen ist.

Die Partner müssen darauf eingestimmt werden, dass sie sich rechtzeitig selbst melden sollen, wenn sie einen Termin nicht halten können. Termine einfach verstreichen zu lassen ist ein No-go! Wenn ein Termin nicht zu halten ist, dann muss sofort ein neuer Termin abgestimmt werden. Zusätzlich ist zu prüfen, ob der geplatzte Termin Auswirkungen auf den Gesamtplan hat und ob nun möglicherweise Features oder andere Maßnahmen verschoben werden müssen. In schlimmen Fällen kann ein geplatzter Termin sogar dazu führen, dass ein weiteres Release an das Projektende angehängt werden muss. Damit verschiebt sich der Abgabetermin. Daher sollte man die Maßnahmenplanung sehr ernst nehmen.

4.6 Der Zieleinlauf: Auslieferung und Abnahme

Der Idealfall: Alle Features wurden pünktlich zu den Releases ausgeliefert. Der Kunde und seine Pilot-User haben die Anwendung zu jedem Release ausführlich getestet, Bugs gefunden und Anmerkungen zu Änderungswünschen formuliert. Das Team hat die Bugs unterwegs gefixt und die Änderungswünsche eingearbeitet. Die Installation kann wie geplant vorgenommen werden, weil alle technischen Vorbedingungen rechtzeitig als Maßnahmen geplant und auch umgesetzt wurden. Wenn es nicht ideal gelaufen ist, dann haben wir das aber zumindest rechtzeitig gemerkt und den Plan anpassen können. Unser Vorgehen läuft aber in jedem Fall auf eine brauchbare, funktionsfähige Software hinaus!

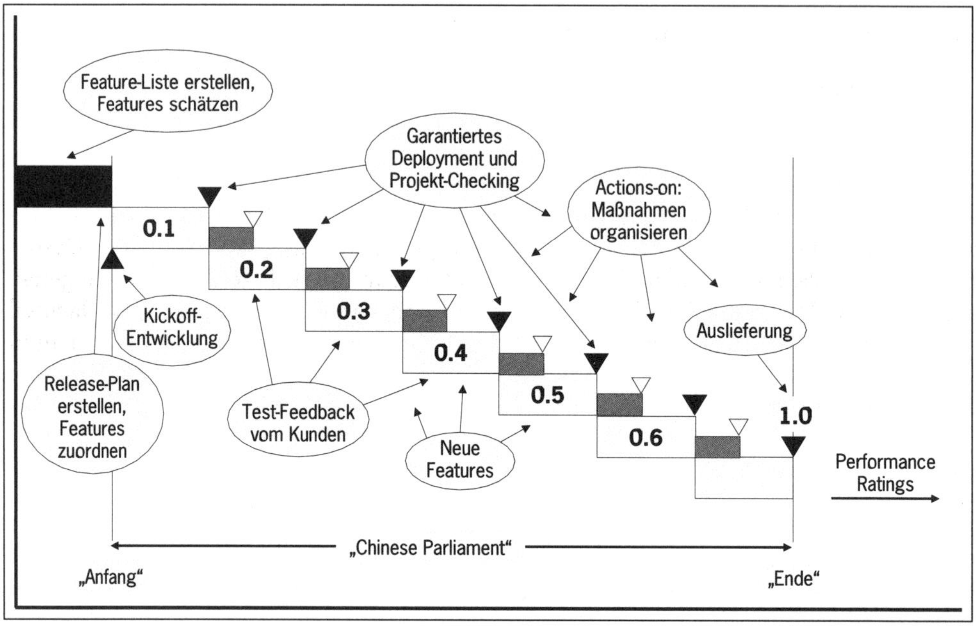

Abbildung 4.1: Kurze, schnelle Release-Zyklen und Auslieferungen, aber: Ein kompletter Plan bis zum Ende des Projektes.

Wir installieren die Software und machen einen finalen Akzeptanztest mit dem Kunden. Der kennt die Software schon wie seine eigene Westentasche und hat keine Probleme, die Abnahme auch formal zu akzeptieren. Damit beginnt die Gewährleistungsphase, in der der Kunde eine kostenfreie Fehlerbehebung erhält. Diese wird weiterhin über den zentralen Bugtracker gemeldet. Bugfix-Releases werden zu individuell abgestimmten Terminen ausgeliefert. Weil wir aber schon sehr viele Bugs während der Entwicklung gefixt haben, brauchen wir keine Angst zu haben, dass die Gewährleistungsphase aufwändig wird.

Die Software kann jetzt eingeführt werden. Als letzten Schritt bitten wir den Kunden noch um eine Beurteilung unserer Arbeit, damit wir daraus Rückschlüsse zu unserer weiteren Verbesserung ableiten können (Performance Rating).

5 AntiPatterns in klassischen Software-Projekten

Jeder kennt Design Patterns (Entwurfsmuster), aber was zum Teufel sind AntiPatterns?[1] Ein Design Pattern beschreibt einen Lösungsvorschlag für ein immer wieder auftretendes Software-Design-Problem [7]. Die richtige Anwendung von erprobten Design Patterns kann Zeit und Geld in Software-Projekten sparen. AntiPatterns bewirken genau das Gegenteil: Wenn ein AntiPattern eingesetzt wird, dann ist das immer zum Nachteil des Projektes. AntiPatterns beschreiben (meist) ein immer wiederkehrendes Verhalten und zeigen so auf, welches Verhalten in einem Software-Projekt zu vermeiden ist. Man könnte meinen, dass AntiPatterns daher versehentlich oder unbewusst ausgeführt werden. AntiPatterns sind aber eher psychotischer Natur: Derjenige, der das AntiPattern einsetzt, merkt meist nichts davon, aber möglicherweise alle anderen um ihn herum. Daher gibt es z. B. eine Reihe von AntiPatterns, die immer wieder und auf der ganzen Welt von Managern ausgeführt werden und die jeder Programmierer sofort erkennt. Auf der anderen Seite gibt es AntiPatterns, die von Programmierern auf der ganzen Welt ausgeführt werden und die jeder Manager sofort erkennt. Ich habe aus den Erfahrungen in klassischen Software-Projekten einige AntiPatterns zusammengetragen, für die es im Feature-based Programming Mechanismen zur Vermeidung gibt. Ich verwende für die folgende Beschreibung eine erweiterte Form des Mini-AntiPattern-Template:

Name: Wie soll das Pattern genannt werden?

Nutzer: Wer »nutzt« dieses AntiPattern häufig? Kunde, Manager, Projektleiter, Programmierer?

AntiPattern-Problem: Was ist das immer wieder auftretende Verhalten, das negative Konsequenzen zur Folge hat?

Refactored Solution: Wie kann man das AntiPattern vermeiden, minimieren oder positiv verändern?

Vor jedem AntiPattern werden durch einen kurzen einleitenden Text die Ausgangslage, Zusammenhänge, Meinungen und Kernfragen erörtert.

---

1 Wer mehr über AntiPatterns erfahren möchte, dem empfehle ich das Buch [8]. Es ist eine recht humorvoll geschrieben Auflistung von AntiPatterns in den Bereichen Software Development, Software Architecture und Project Management. Vielleicht ist das Buch an manchen Stellen zu humorvoll, denn irgendwie haben sich AntiPatterns nicht weiter durchgesetzt, zumindest nicht im Vergleich zu Design Patterns. Die Idee, AntiPatterns für alles, was man falsch machen kann, zu definieren, ist gut. Es ist wie beim Refactoring: Man erkennt eigentlich sofort schlechten Code und kann sich auch meist mit anderen Programmierern darauf einigen, was als schlecht zu betrachten ist. Es ist hingegen viel schwieriger, eine gemeinsame Linie zu finden, was als gut zu bewerten ist. Vielleicht brauchen wir zu diesem Thema ein ernsthafteres Buch, was das Thema AntiPatterns, vor allem Verhaltensmuster, wissenschaftlicher angeht?

5.1 Unwissenheit

Software-Entwicklung ist schwierig. Es ist die Erstellung eines sehr komplexen Produktes, bei dem man keine Einzelteile, z. B. in Form einer Stückliste (wie im Maschinenbau), erkennen kann. Die Einzelteile einer Software sind nicht sichtbar. Man kann sie nicht schmecken, nicht riechen und nicht anfassen. Trotzdem kann der Benutzer einer Software beim Ausprobieren sofort spüren, ob das Entwicklungsziel erreicht wurde. Ein Entwicklungsteam muss die Ideen und Wünsche des Users erkennen. Diese sind ebenfalls unsichtbare Gedankengebilde. Software-Entwicklung ist in diesem Sinne die Transformation und Abbildung von Ideen in Programmcode. Um diese Abbildung herstellen zu können, muss man sich beide Seiten der Abbildung vorstellen können. Und bei allen Möglichkeiten der Abstraktion: Erfahrung in der Programmierung ist dafür die Grundlage.

Name: Unwissenheit

Nutzer: Manager, Projektleiter

AntiPattern-Problem: Ein Projektleiter hat keine hinreichende Projektleitungserfahrung in Software-Projekten. Er kann selbst nicht programmieren und kennt sich nicht im Detail mit der Technik aus. Weil er selbst nicht programmieren kann, kann er auftretende Probleme und Lösungsansätze nicht in Perspektive setzen. (In Unternehmen wird oft derjenige zum Projektleiter befördert, der am wenigsten programmieren kann). Durch seine Leitungsfunktion macht er aber dennoch dem Entwicklerteam Vorschriften, wie etwas umzusetzen ist. Möglicherweise entwirft er sogar das Design der Software (meist mit Hilfe eines Modellierungs-Tools) und beauftragt die Programmierer nur noch mit der Umsetzung. Er trifft unrealistische Vereinbarungen und unhaltbare Design-Entscheidungen allein mit dem Kunden und teilt diese nur noch den Programmierern mit, die dann keine Chance mehr zur Korrektur haben und nur noch mit wehenden Fahnen untergehen können.

Refactored Solution: Der Projektleiter ist immer der erfahrenste Programmierer im Team. Er programmiert selbst seit vielen Jahren und qualifiziert sich über viele realisierte Projekte für die Leitung eines Software-Projektes. Ein Projektleiter wird also nicht in eine Position befördert, sondern hat sie sich auf Basis von Wissen und Erfahrung verdient. Wenn man das Studium mitrechnet, kann man von mindestens 8-10 Jahren Erfahrung ausgehen, die ein Software-Projektleiter mitbringen muss. Der Projektleiter kann Kundenanforderungen sehr schnell bezüglich ihrer Komplexität und des erforderlichen Aufwands bewerten. Er sieht vor seinem geistigen Auge immer auch die technische Lösung, hat aber durch die Erfahrungsjahre ein Abstraktionsvermögen entwickelt, das ihm die Filterung technischer Details erlaubt. Kurzum: Er hat ein Gefühl dafür bekommen, welche Detailebene den Kunden interessiert und was für ihn uninteressant ist. Ein Projektleiter ruht sich nie auf seinem Erfahrungsschatz aus. Die Welt dreht sich weiter und er ist immer auf dem aktuellsten Stand. Er sollte auch in jedem Projekt, das er leitet, selbst mitprogrammieren, um die Erfahrung und das Wissen zu erweitern und zu aktualisieren.[2]

5.2 Bürokratie

In einem Software-Projekt werden Informationen verarbeitet. Die Anforderungen des Users werden analysiert und dokumentiert, diskutiert und verfeinert und schließlich in Programme umgesetzt. Aber wie viele Informationen, wie viele Dokumente und Formulare und wie viel Papier ist wirklich sinnvoll?

Name: Bürokratie

Nutzer: Manager, Projektleiter

AntiPattern-Problem: Um nichts zu vergessen und oft auch um sich im Falle eines Scheiterns[3] absichern zu können, werden alle Analysen, Anforderungen, Vereinbarungen und Besprechungen in Spezifikationen, Protokollen und E-Mails dokumentiert. Für jedes Detail im Entwicklungsprozess gibt es ein Formular und eine entsprechende Handlungsanweisung, wie dieses ausgefüllt werden muss. Während der Projektleiter sich voll und ganz seiner Aufgabe der Dokumentenerstellung widmet, müssen sich die Programmierer aus der Menge von (oft widersprüchlichen) Informationen diejenigen heraussuchen, die für die Implementierung relevant sind. Mit jeder E-Mail und jedem weiteren Protokoll und Formular wächst die Menge, die Vernetzung und die Verteilung der Informationen. Die Programmierer müssen alle Informationen lesen, filtern und für die Planung der erforderlichen Arbeitsschritte zusammenfassen. Mit wachsender Informationsmenge verkehrt sich das Prinzip ins Gegenteil: Es gibt in jedem Projekt einen Wendepunkt, an dem die Menge der Informationen und Dokumente nicht mehr zur Übersicht, sondern nur noch zur Vernebelung beiträgt und damit den erfolgreichen Projektabschluss gefährdet.

Refactored Solution: Die Anzahl der Dokumente muss minimiert werden. Die Beschränkung auf das Wesentliche ist ein wichtiges Prinzip, nicht nur in der Software-Entwicklung. Bei jedem Dokument ist die Frage zu stellen: Wird die Problem- und Lösungsbeschreibung durch dieses Dokument klarer und deutlicher oder wird sie undeutlicher? Perfektion ist, wenn man nichts mehr wegnehmen kann und nicht, wenn man nichts mehr hinzufügen kann. Alle zu implementierenden Features der Software sollen in einem einzigen zentralen Dokument, der Feature-Liste, beschrieben werden. Dieses Dokument muss so aufgebaut sein, dass jedes einzelne Feature mit einer Aufwandsschätzung versehen und von genau einem Entwickler umgesetzt werden kann. Dafür eignet sich am besten eine tabellarische Darstellung. Was sich nicht in der

2 In klassischen Methodologien wird meist die Meinung vertreten, dass es die allerschlechteste Idee ist, den Projektleiter aktiv an der Programmierung teilnehmen zu lassen. Meine Erfahrung ist, dass der Projektleiter sich am allerbesten mit dem Produkt auskennen muss und das geht nur, wenn er versteht, was »unter der Haube« passiert. Zudem entstehen ständig neue Technologien und Ansätze, die man nur erlernen, bewerten und einsetzen kann, wenn man sie selbst ausprobiert hat.

3 Dafür gibt es in der Psychologie den Begriff der »Self-fulfilling Prophecy«.

Feature-Liste befindet, wird nicht implementiert. Daher müssen Feature-Wünsche aus Protokollen, E-Mails etc. extrahiert und in die Feature-Liste aufgenommen werden. Natürlich können weitere Dokumente neben der Feature-Liste erstellt werden, falls das erforderlich ist. Aber nur die Feature-Liste wird zur Planung und Umsetzung und schließlich auch zur Abnahme verwendet. Dafür muss diese aber auch strikt aktuell gehalten werden.

5.3 Stille Post

Das kennt jeder noch aus der Schule. Einer denkt sich eine Geschichte aus und flüstert sie seinem Nachbarn ins Ohr. Der Nachbar flüstert wiederum seinem Nachbarn die Geschichte, so wie er sie verstanden hat, ins Ohr und so weiter. Der letzte in der Runde erzählt die Geschichte, wie sie bei ihm angekommen ist. Es ist lustig und interessant, wie sich die Geschichte über die Stationen verändert hat. In einem Software-Projekt entstehen so unnötige, nicht mehr ganz so lustige Friktionen.

Name: Stille Post

Nutzer: Manager

AntiPattern-Problem: Entwickler, Ingenieure im Allgemeinen, sind meist sehr ehrliche, offene Menschen. Alles, was gesagt wird, muss 10 Stellen hinter dem Komma genau sein. In Management-Meetings gehen Entwickler oft zu sehr ins Detail (wohin die anderen Meeting-Teilnehmer vielleicht nicht folgen können oder wollen) oder offenbaren dem Kunden auch die unangenehmen Seiten eines Produktes oder die Probleme in einem Projekt. Um es nicht so weit kommen zu lassen, werden bei klassischen IT-Dienstleistern Projektleiter gewissermaßen als Proxy-Objekte zwischen den Kunden und die Entwickler gesetzt. Der Kunde bekommt die Entwickler nie zu Gesicht (zumindest kann er nie direkt und allein mit ihnen sprechen) und die Entwickler sprechen nicht mit dem Kunden. Sie bekommen alle Informationen nur vorgefiltert durch ihren Projektleiter. Dabei entsteht ein Informationsverlust und es muss zusätzliche Zeit aufgewendet werden, um Informationen zu übertragen.

Refactored Solution: Der Projektleiter ist das One Face to the Customer. Das wünschen sich die meisten Kunden auch so. Trotzdem macht es Sinn, die Entwickler in die Planungs-Meetings als Teilnehmer zu integrieren, damit diese Informationen aus erster Hand bekommen und selbst Verständnisfragen klären können. Während der Implementierung sollten die Entwickler einen direkten Kontakt zum Kunden pflegen können, d.h., der Kunde kann direkt die Entwickler anrufen und die Entwickler können bei Fragen den Kunden selbst anrufen. Diese direkte Beziehung spart Zeit und führt zu besseren Ergebnissen. Bei der Diskussion der Deployments mit dem Kunden sind die Entwickler ebenfalls anwesend und können zu allen Anmerkungen sofort Rückfragen stellen.

5.4 Death by Planning

Wie viel Planung ist erforderlich? Wie viele Details kann man in einem Plan noch überschauen? Was ist die kritische Größe, ab der ein Projektplan aufgrund seines Umfangs und seiner Komplexität einfach nicht mehr mit dem wirklichen Projektstand synchron sein kann?

Name: Death by Planning

Nutzer: Manager, Projektleiter

AntiPattern-Problem: Alle Tätigkeiten werden herunter bis auf den letzten Handgriff geplant und in einem umfangreichen und komplexen Projektplan verewigt. Jede Tätigkeit wird in Prozent auf ihren Fertigstellungsgrad hin beurteilt. Dieser Aufwand zahlt sich nicht aus: Je mehr im Detail geplant wird, desto schlechter scheint der Plan zu werden.

Refactored Solution: Anstatt jedes Detail zu planen, sind nur die Meilensteine in Form von Releases und Deployments strikt einzuplanen. Der Plan wird von denen gemacht, die ihn ausführen müssen. Um böse Überraschungen zu vermeiden, sind zudem alle möglichen Probleme, die den Endtermin gefährden könnten, vorauszubedenken und in einem Maßnahmenplan zu adressieren. Dieser muss natürlich auch weiterhin während des Projektes hinterfragt und aktualisiert werden. Dieser Maßnahmenplan wird in jedem Projekt-Meeting als Erstes besprochen und dabei laufend angepasst.

5.5 Death by Design

Vor der Programmierung steht der Entwurf einer Software. Ein abstrakter Entwurf wird in mehreren Design-Schritten immer weiter konkretisiert. Die unterste Ebene der Konkretisierung ist der Source-Code. Wie weit kann ein Entwurf vor der Programmierung gehen? Was passiert, wenn sich Modell- Annahmen während der Programmierung nicht bestätigen lassen und die Programmierung eine Rückwirkung auf den Entwurf hat? Was ist, wenn sich Anforderungen während der Programmierung ändern und dann auch das Design betreffen? Wie weit kann man überhaupt eine Konkretisierung vornehmen?

Name: Death by Design

Nutzer: Manager, Projektleiter, Entwickler

AntiPattern-Problem: Vor Beginn der Programmierung werden alle Design-Details minutiös analysiert und dokumentiert. Für jeden erdenklichen Anwendungsfall werden Entwürfe z. B. in Form der verschiedenen UML-Diagrammarten realisiert. Während der Programmierung bemerken die Entwickler, dass die Entwürfe und Annahmen aus dem Vorfeld der Implementierung trotz aller Sorgfalt nicht vollständig und umsetzbar sind. Jetzt müssen neben der Programmierung auch noch die Entwürfe ständig aktualisiert werden. Design und Code klaffen immer weiter auseinander, bis schließlich die Modelle nicht mehr aktualisiert werden (können). Trotzdem wird der Entwurf als Teil der Systemdokumentation ausgeliefert, obwohl er nicht mehr viel mit der fertigen Anwendung gemein hat.

Refactored Solution: Für die Planung ist eine vollständige Beschreibung aller Features des zu entwickelnden Systems nach bestem Wissen und Gewissen erforderlich, jedoch kein technischer Detailentwurf. Vor dem ersten und für jedes weitere Release wird das

Entwicklungsteam gemeinsame Design-Sessions vornehmen (Chinese Parliament), in denen der für die aktuellen Features notwendige Entwurf abgestimmt wird. Weitere Informationen für die Implementierung werden sofort bei Bedarf direkt auf Fachebene über den »kleinen Dienstweg« mit dem Kunden geklärt. Kernkonzepte der Software werden informell entworfen, implementiert und wenn sie sich als stabil erweisen möglichst nah am Code dokumentiert.

5.6 Potemkinsche Dörfer

Werden uns Potemkinsche Dörfer gezeigt, dann spiegelt uns jemand falsche Tatsachen vor. Diese Dörfer sind ein Sinnbild für Lug und Trug. Angeblich soll einst der russische Fürst Potemkin (1739–1791) Zarin Katharina auf einer Inspektionsreise durch die Krim nur blühende Dorfattrappen gezeigt haben. In Wirklichkeit beruht diese Geschichte aber auf bösartigem Hofklatsch in St. Petersburg, den dort niemand glaubte. Erst ein sächsischer Diplomat namens Heibig brachte diese Geschichte durch seine Memoiren nach Deutschland und sogar in unsere Geschichtsbücher. Armer Potemkin. Seine Dörfer waren also nicht von Pappe.[4]

Anders geht es oft in Software-Projekten zu. Der Status eines Software-Projektes wird oft geschönt dargestellt. Nicht nur, dass es Zeit kostet, die produktiver genutzt werden kann. Es trägt auch nicht dazu bei, Probleme rechtzeitig und gemeinsam zu erkennen, um dann gezielt nachsteuern zu können. Anstatt einen einzigen richtigen Plan zu machen, wird eine unübersichtliche Vielzahl von Planungsdokumenten erstellt, in denen man schnell den Überblick verliert.

Name: Potemkinsche Dörfer

Nutzer: Manager, Projektleiter

AntiPattern-Problem: Der Projektleiter muss für verschiedene Zielgruppen Informationen aufbereiten. Der Kunde möchte wissen, wo das Projekt steht, ob der Endtermin gehalten werden kann und ob die Kosten im Budget bleiben werden. Das Gleiche möchte auch das Management des Dienstleisters (oder der internen Abteilung) wissen. Je nach Zielgruppe werden diese Informationen in der Praxis oft geschönt dargestellt. Und je schlimmer ein Projekt ist, umso besser muss es dargestellt werden (Ergo: »die Leiche wird geschminkt«). Ein schlimmer Nebeneffekt ist, dass der Stand der Software zum geschönten Plan passen muss. (Oft auch in der Hoffnung, dass man alle Verzögerungen noch aufholen kann. Potemkinsche Dörfer sind nicht zwingend böse, sondern oft auch gut gemeint). Kultur-historisch (bezogen auf die Computer-Kultur) ist so wahrscheinlich die Kunst entstanden, Software-Demos vorzuführen, die den Eindruck eines ausgereiften, fehlerfreien und leistungsfähigen Systems herstellen.

Refactored Solution: Ein Projekt hat einen Plan und eine granulare Aufwandsschätzung in Form einer Feature-Liste. Die gearbeitete Zeit wird täglich den jeweiligen Features zugeordnet. Jeden Tag kann der Plan-Aufwand mit dem Ist-Aufwand verglichen

4 Übernommen aus dem Internet von Franzika Schröder: http://www.textgalerie.de/archiv/deutsch/d185.htm

werden. Die Basis hierfür ist eine tägliche Zeiterfassung auf Feature-Ebene, z. B. über eine kleine Anwendung im Intranet. Wenn Zeit anfällt, die keinem Feature zugeordnet werden kann, dann muss dafür ein Feature geplant werden. Es ist wie mit einem Auto in einer fremden Stadt: Wenn ich ein Ziel ansteuern will, muss ich zunächst wissen, wo ich mich befinde. Jetzt kommt der, politisch gesehen, oft schwierige Teil: Alle Projektbeteiligten sehen den gleichen Plan und die gleichen Ist-Zahlen. Es werden keine separaten Aufbereitungen vorgenommen, die nicht zielführend sind. Das sollte soweit gehen, dass Kunde, Management und Entwicklungsteam die gleichen Dokumente erhalten. Okay, für das Management kann man die Originalzahlen auch noch mal als Chart und kumuliert aufbereiten, wenn das gewünscht wird. Auch das lässt sich automatisieren.

5.7 Nostradamus-Syndrom

Nostradamus (1503–1566) war ein Arzt, Kabbalist und Astrologe, dessen als Gedichte verfassten Prophezeiungen sich unter anderem mit dem Untergang der Welt und dem Ende der Menschheit befassen. Nostradamus war ein Universalgelehrter, der sich intensiv mit Magie, Mystik und der Astrologie beschäftigte. Sein Werk »*Die Jahrhunderte*« ist eine Sammlung von Gedichten, die für jede mögliche Deutung offen sind.

Unter den Prophezeiungen findet man angeblich solche, die den großen Brand von London beschreiben oder die die Französische Revolution ankündigen. Einige Interpretationen haben auch den Untergang der Erde für den Juli 1999 vorausgesagt. Wie wir alle wissen, sind wir jedoch verschont geblieben. Übertragen auf Software-Projekte entspricht das Nostradamus-Syndrom dem Glauben an die vollständige Voraussagbarkeit von Software-Projekten.

Name: Nostradamus-Syndrom

Nutzer: Manager, Projektleiter

AntiPattern-Problem: Es wird auch heute noch wider besseren Wissens angenommen, dass man ein Software-Projekt auf den Punkt genau voraussagen kann. Das betrifft zum einen den Fertigstellungstermin und zum anderen den Zeitaufwand für die einzelnen Komponenten einer Anwendung. Entwickler werden vom Management aufgefordert, eine Zeit- und Kostenschätzung abzugeben. Meist wird dabei versprochen, dass diese Schätzung »verständlicherweise« eine Grobabschätzung und daher nicht bindend ist. Später, im Laufe des Projektes, wird dann aber genau diese Planung immer wieder als Basis für die Projektplanung und das Controlling verwendet. Das Ergebnis ist, dass Entwickler nach einer solchen Erfahrung keine oder keine realistischen Schätzungen mehr abgeben. Der Plan, der zu Beginn gemacht wurde, wird nicht mehr angepasst, erst wenn es offensichtlich Probleme gibt. Dann ist es jedoch meist zu spät.

Refactored Solution: Planen bedeutet nicht Vorhersagen. Planen heißt Annahmen zu machen und diese Annahmen ständig auf ihr Zutreffen zu überprüfen. Und zwar auf einer Detaillierungsebene, die beherrschbar und schnell anpassbar ist. Zu Beginn eines

Projektes wird eine nach bestem Wissen und Gewissen realistische Schätzung des Gesamtaufwandes einschließlich eines Zeitpuffers gemacht. Wenn man eine solche Schätzung abgibt, dann sollte man wirklich selbst das Gefühl haben, alle bis hierhin bekannten Eventualitäten berücksichtigt zu haben. Auf dieser Basis wird dann der Plan erstellt. Anschließend wird im Laufe des Projektes die Schätzung und damit auch der Plan iterativ in kurzen Zyklen entlang der Deployments gemeinsam mit dem Management angepasst. Das bedeutet nicht, dass der Zeitplan damit in jedem Fall überschritten wird, sondern im Gegenteil bedeutet dies eine bessere Fokussierung auf das, was wirklich wichtig ist. Die Entwickler sehen sehr schnell, an welchen Stellen die Abschätzung gestimmt hat und an welchen Stellen eine Fehleinschätzung vorlag. Man merkt auch sehr schnell, ob man beispielsweise, wie das häufig der Fall ist, besonders viel Zeit mit den Punkten verbringt, die Spaß machen oder ob man an den Dingen intensiv arbeitet, die wichtig für den Kunden und den Ausgang des Projektes sind. Diese beiden Aspekte sind leider nicht immer deckungsgleich. Durch die Transparenz, welche Features am meisten Zeit verbrauchen, können die Entwickler selbst besser »nachregeln«. Durch die Transparenz entsteht so ein Frühwarnsystem, das es ermöglicht, zu agieren, anstatt nur zu reagieren. Durch die regelmäßige Gegenüberstellung des geplanten und des realisierten Aufwandes entsteht zudem ein Lerneffekt, der die Abschätzung in jedem weiteren Projekt verbessern wird.

5.8 98 %-Syndrom

Mit einem Flugzeug fliegt man in ein beliebiges Land dieser Welt, geht in eine beliebige Software-Firma und stellt einem beliebigen Entwickler die folgende Frage: »Wie viel von deinem Projekt ist fertig?« Welche Antwort wird man erhalten? Nun, in den allermeisten Fällen wird die Anwort lauten: »Wir sind zu 98 % fertig.«

Name: 98 %-Syndrom

Nutzer: Programmierer

AntiPattern-Problem: Normalerweise wird eine Software in Schichten zerlegt. In dem einfachen Fall einer Business-Anwendung gibt es dann z. B. eine Schicht für die Benutzeroberfläche, eine Schicht für die Geschäftslogik und eine Schicht für den Datenbankzugriff. Die Programmierer beginnen jetzt mit der Datenbank-Schicht und entwickeln für das spezifizierte Datenmodell ein Persistenzkonzept und setzen dieses für alle Datenbankzugriffe um. Die Zeit läuft, aber man kann noch nicht wirklich etwas zeigen oder gegen eine Spezifikation von Features testen. Die Programmierer fühlen sich jedoch ganz gut, weil ja im Prinzip schon ein Drittel der Arbeit erledigt ist. Jetzt geht es an die Geschäftslogik. Schrittweise werden Geschäftsobjekte und -regeln implementiert. Dazu muss auch wieder an der Datenbank-Schicht »geschraubt« werden. Es passt nicht alles sauber zusammen. »Unter der Haube« ist schon eine Menge Arbeit geleistet, aber bisher kann man noch nichts davon sehen. Mit steigendem Zeitverbrauch und wachsender Nervosität wird eine Frage aus dem Management immer häufiger gestellt: »Wie weit seid ihr?« Und die Programmierer sagen: »Eigentlich haben wir 98 % fertig.« In frühen Phasen wird diese Anwort auch durchaus ehrlich gegeben. Jetzt geht es langsam an die Umsetzung des User-Interfaces. Dieses muss programmiert und mit der Geschäftslogik verknüpft werden. Endlich kann dem Kunden auch etwas gezeigt werden. Es wird auch Zeit, denn das Projektbudget neigt sich dem Ende. Doch dann, oh Wunder, gibt der Kunde das erste Mal ein Feedback auf das, was er nun gesehen hat. Und jetzt stellt sich heraus, dass die Anwendung über alle Schichten in wesentlichen Teilen umgebaut werden muss.

Refactored Solution: Die menschliche Kommunikation ist schwierig. Wenn zwei Menschen sich über die Farbe »Blau« unterhalten, dann sehen sie vor ihrem geistigen Auge mit ziemlicher Sicherheit zwei völlig verschiedene Blautöne. Erst wenn die Vorstellung z. B. über Vergleiche kommuniziert wird, beginnt die Vereinheitlichung der Vorstellungen. Und erst wenn einer die Farbe aufmalt, weiß der andere, was wirklich gemeint war. Ähnlich ist es bei Software. Darum muss der Anwender die Software möglichst schnell in die Hände bekommen. Nur dann wissen wir — im übertragenen Sinne — wirklich, ob wir alle von der gleichen Farbe »Blau« gesprochen haben.

5.9 Meetingitis

Meetingitis kommt in der »freien Wildbahn« in zwei Ausprägungen vor: Die erste Variante führt dazu, dass so viele Meetings stattfinden und Protokolle geschrieben werden müssen, dass die Projektmitglieder kaum Zeit haben, ihre Arbeit zu verrichten, geschweige denn, die ganzen Protokolle zu lesen. Die zweite Variante entsteht oft aus der ersten Variante: Projektmitglieder nehmen nicht mehr an den Meetings teil, »weil sie etwas Wichtiges zu tun haben« oder sie sorgen für eine chronische Verspätung, was noch mehr zusätzliche Zeit kostet. Besonders schlimm ist die erste Variante, wenn in einer Krisensituation das Management täglich neue, detaillierte Berichte vom Stand des Projektes einfordert. Die zweite Variante erreicht ihren Tiefpunkt, wenn Meetings in den Projektteams generell als unproduktiv wahrgenommen werden.

Name: Meetingitis

Nutzer: Manager, Projektleiter

AntiPattern-Problem: Während eines Projektes werden ad hoc Meetings einberufen, bei denen die Projektleitung und das Entwicklungsteam darstellen müssen, was der Status des Projektes ist. Manager möchten sehr oft in Form von Prozentzahlen wissen, wie weit die Entwicklung fortgeschritten ist. Jeder Programmierer weiß, dass man den Fortschritt eines Projektes nicht in einer einzigen Prozentzahl fassen kann, man bereitet diese Zahlen aber trotzdem vor. Das Management von der Sinnlosigkeit des Unterfangens zu überzeugen, schlägt meist fehl. Die Aufbereitung dieser Zahlen kostet das Projekt zusätzliche Zeit und hat auf diese Weise nur eine negative Auswirkung auf den Zeitplan. Gleichzeitig ist der Informationsgehalt solcher Zahlen mehr als fraglich. Je weiter dann ein Projekt hinter dem Zeitplan steht, umso öfter werden Status-Meetings einberufen, für die wiederum Zahlen aufbereitet werden müssen. Und das kostet erneut Zeit, ohne einen fundierten Nutzen zu erzeugen.

Refactored Solution: Feste Reporting-Termine mit einem fest definierten Umfang sind der Schlüssel zum Erfolg. Wenn z. B. immer am Tag nach einem Deployment der aktuelle Status zusammengefasst und diskutiert wird, dann kann sich das Entwicklungsteam zum einen darauf einstellen, zum anderen bekommt das Management dann auch immer den wirklichen Projektstatus geliefert. Denn: Direkt nach einem Deployment ist klar, welche Features wirklich abgeschlossen und ausgeliefert wurden. Dies direkt während einer Release-Phase zu beurteilen, ist schwierig. Der fest definierte Umfang des Reportings sorgt dafür, dass die wiederkehrende Herstellung vereinfacht wird und eine Vergleichbarkeit zwischen den Reports entsteht.

5.10 Umgekehrte Evolution

In den seltensten Fällen werden aus begabten Programmierern auch gute Projektleiter. Viele Programmierer interessieren sich auch nicht dafür. Darum werden meist diejenigen Projektleiter, die von den Details am wenigsten Ahnung haben. Ist das der richtige Weg?

Name: Umgekehrte Evolution

Nutzer: Manager

AntiPattern-Problem: Der Projektleiter ist nicht unbedingt der beste und erfahrenste Programmierer in einer Gruppe. Entwicklungsteams werden oft von Projektleitern geführt, die selbst nicht programmieren können oder deren Programmiererfahrungen weit zurückliegen. Diese machen Pläne und treffen zudem auch oft Architekturentscheidungen. Die Pläne werden nicht von denen gemacht, die sie ausführen müssen und scheitern dann, weil die erforderliche Selbstbindung und Identifikation mit dem Plan und der Aufgabe nicht gegeben ist.

Refactored Solution: Ein Projekt zu leiten, erfordert kommunikative Fähigkeiten. Man muss Pläne entwerfen und diese mit dem Kunden besprechen. Man muss in Kunden-Meetings diskutieren können, ohne in technische Details abzurutschen. Mit dem Entwicklungsteam muss man jedoch alle technischen Details diskutieren können. Man muss selbst wissen und beurteilen können, welche technische Alternative die attraktivste Lösung ist. Auch planerisch. Wenn man Entscheidungen trifft, dann sollte man das auf einer fundierten Basis können. Man sollte in der Lage sein, die eigenen Architekturen und Ideen selbst umzusetzen. Dafür muss man als Programmierer auch bereit sein und systematisch gefördert werden, um die entsprechenden Fähigkeiten und Erfahrungen gezielt aufbauen zu können. FBP definiert dafür die Erfahrungsstufen und sorgt im Rahmen der Projekte dafür, dass Erfahrungen gezielt erweitert werden.

5.11 Unzuverlässigkeit

Wenn man programmiert, dann vergisst man schnell alles um sich herum. Man taucht in eine Welt ab, die sich nur im Kopf abspielt. Eine Welt, in der sich ständig Strukturen bilden und wieder auflösen. Aus diesen Denkstrukturen entstehen virtuelle Gebilde, die man nicht riechen, nicht schmecken und nicht fühlen kann: Computer-Programme. Was für viele Menschen wie eine trockene und langweilige Tätigkeit wirkt, ist für Programmierer meist eine Leidenschaft, die offensichtlich einen ganz bestimmten Typus von

Mensch anspricht. Programme zu schreiben erfordert die Fähigkeit, allein auf sich gestellt komplizierte Aufgaben im Kopf zu lösen. Dieses »in sich gekehrt sein« geht oft mit einem verringerten sozialen Kontakt zur Außenwelt einher. Alles außerhalb der eigenen Welt, die sich vor allem im Kopf abspielt, wird irrelevant: Vor allem Pläne, Termine und Meetings.

Name: Unzuverlässigkeit

Nutzer: Programmierer

AntiPattern-Problem: Termin verpasst? Zum Meeting zu spät gekommen? Morgens nicht pünktlich im Büro? Abends zu spät wieder zu Hause? Pläne ignorieren? Alles, auch private Dinge, immer auf den letzten Moment verschieben und dann nicht einhalten können? Versprechen, auch private, vergessen? Resistenz gegenüber Vereinbarungen? Das tritt statistisch gesehen bei Programmierern wahrscheinlich häufiger auf, als bei dem Rest der Bevölkerung. Das macht das Planen und Umsetzen von Software-Projekten noch schwieriger, als es sowieso schon ist. Unzuverlässigkeit erzeugt unnötige Friktion.

Refactored Solution: Programmierer müssen in ihren Programmen ständig einen definierten Zustand der Ordnung herstellen. Warum sollten sie das nicht auch außerhalb des Codes schaffen? Warum ein Programm buchstäblich »in Ordnung« sein muss, ist logisch und nachvollziehbar. Bei Prozessen und Regeln ist das nicht immer so klar. Im FBP werden für die Entwicklung Standard Operation Procedures (SOP) definiert, die alle Vereinbarungen und Vorgehensweisen dokumentieren, die sich bei der Arbeit praktisch als nützlich erwiesen haben. Neue Kollegen können sich dann schnell in die Grundlagen der Zusammenarbeit einlesen. Diese wenigen Regeln gelten für alle und ohne Ausnahme. Im Projektgeschäft lässt sich fast alles auf eine einzige Grundvoraussetzung zurückführen: Die Zuverlässigkeit. SOPs sollten all diejenigen besten Erfahrungen transportieren und konservieren, die die Zuverlässigkeit erhöhen. Wenn es jedoch zu viele SOPs gibt, dann verliert man schnell die Übersicht. Daher muss ein besonderes Augenmerk darauf gelegt werden, dass die Darstellung minimal, einfach und leicht änderbar ist. Also: Wenige Regeln, die aber strikt und nachvollziehbar. Dann sind sie auch aus Sicht von Programmierern relevant.

5.12 Feature-based Programming gegen AntiPatterns

Das ist nur eine kleine Auswahl von AntiPatterns, die Projekte an den Abgrund führen können. Aus diesem Kapitel hätte ich genug Material für ein ganzes Buch generieren können. Ich habe mich daher nur auf die bekanntesten AntiPatterns beschränkt. Das Interessante an diesen AntiPatterns ist, dass sie im Wesentlichen globale Erscheinungen sind: Sie treten wirklich überall auf der Welt auf (und diesen Eindruck bekommt man nicht nur, wenn man die amerikanischen Dilbert-Comics liest). Feature-based Programming hilft, diese AntiPatterns zu überwinden:

- Eine klare und transparente Spezifikation in Form einer *Feature-Liste* als Arbeitsplan, anstatt *Bürokratie*.
- Iterative Planung und Steuerung mit dem *Release-Plan* als Gegenmittel für das *Nostradamus-Syndrom*.
- *Garantierte Release-Termine* (Deployments) bis zum geplanten Projektende gegen das 98 %-Syndrom.
- *Feste, wiederkehrende Projekttermine* gegen *Meetingitis*.
- *Einen richtigen Plan* (mit Feature-Liste, Release-Plan, Actions-on-Planung und Maßnahmenplan) aufstellen und verfolgen, anstatt *Potemkinsche Dörfer* aufzubauen.
- Chinese Parliament anstatt *Death by Design*.
- *Direkter Kundenkontakt* mit den Entwicklern, anstatt *Stille Post*.
- *Standard Operation Procedures* (*SOP* wie z. B. »Fire and Forget«) gegen *Unzuverlässigkeit*.
- Coaching mit *SitReps und FitReps* anstatt *Umgekehrte Evolution*.

Im folgenden Teil werden die einzelnen Elemente, Prozesse und Praktiken von FBP im Detail erläutert.

II Feature-based Programming im Detail

6 Feature-based Programming in a Nutshell

6.1 Ausgangslage: Agilität versus Bürokratie

Agile Methodologien[1] gehen davon aus, dass Software-Projekte im Wesentlichen situativ gesteuert werden müssen und daher — so die Theorie — jedes Projekt einen individuellen Prozess benötigt. In diesem Sinne kann man solche Methodologien als Baukästen (oder auch so genannte Blueprints) betrachten, aus denen man sich die einzelnen passenden Bausteine heraussuchen und für sich selbst zusammensetzen kann. Agile Methodologien werden auch leichtgewichtig genannt, da sie angeblich mit einem Minimum an Bürokratie und formalen Regeln auskommen.

Im Gegensatz dazu gibt es die schwergewichtigen Methodologien, von denen heute der bekannteste Vertreter der Rational Unified Process (RUP) ist. Schwergewichtig bedeutet hier ein Mehr an bürokratischen Elementen und formalen Definitionen, die die Flexibilität und Agilität verringern. RUP kann ebenfalls nach einem Baukastenprinzip an die eigenen Bedürfnisse angepasst werden.

Beide Ansätze bergen ein Problempotential: Ein Minimum an Bürokratie und Formalisierung bedeutet auf der einen Seite nicht automatisch, dass eine höhere Flexibilität vorliegt. Es kann auch einfach bedeuten, dass für viele Fragen und Probleme in der Entwicklung einfach keine gemeinsamen Vorgehensweisen abgestimmt sind. Wenn dann ein Ereignis während der Entwicklung auftritt, das systematisch und wiederholbar behandelt werden muss, dann wird in einem agilen Projekt ad hoc entschieden, was zu tun ist. Das Team kann dann oft nur reagieren, anstatt zu agieren. Bei der Einführung eines agilen Prozesses in einem Unternehmen müssen daher oft weitere bürokratische Elemente hinzugefügt werden, die im Blueprint des jeweiligen Prozesses nicht adressiert werden. Welche Elemente erforderlich sind, muss dann jeder für sich selbst herausfinden. Da im Blueprint weniger formale Elemente definiert sind, wirken agile Prozesse oft einfacher, transparenter und übersichtlicher. Das sind sie natürlich auch, aber: Zur Vervollständigung ist noch eine eigene, zusätzliche Denkleistung, viel Erfahrung und Organisationstalent erforderlich. Der Projektleiter wird so auch gleichzeitig zum Prozess-Architekten, der durch Trial-and-Error das Verfahren für sich selbst anpassen muss.

Auf der anderen Seite bedeutet möglichst viel Bürokratie und Formalisierung auch nicht automatisch, dass man wirklich alles unter Kontrolle hat. Was auf dem Papier steht, muss nicht zwingend mit der Wirklichkeit (dem Programmcode) des Projektes übereinstimmen. Dokumentation und Wirklichkeit müssen ständig miteinander synchronisiert werden. Diese Synchronisation muss bidirektional sein: Während der Entwicklung ergeben sich Änderungen an der Spezifikation und der Modellierung, die sich in Programmänderungen niederschlagen müssen. Und egal wie gut und sorgfältig das Team das zu

1 Mit dem Begriff Methodologie wird in den meisten Publikationen zum Thema Agilität ein schweres, komplexes Prozessgebilde verbunden. Der Begriff bezeichnet »*die Lehre von den planmäßigen Verfahren und Wegen, die zu einem Ziel führen*«. Ich empfinde bei dem Begriff daher nicht, dass man damit nur schwergewichtige Entwicklungsprozesse beschreiben kann und verwende ihn im Folgenden auch für agile »Methodenbündel«.

entwickelnde System im Vorfeld modelliert hat, es werden bei der Programmierung immer Erfahrungen gemacht, die die Anpassung und Veränderung der vorher erstellten Modelle erfordern. Meine Erfahrung ist: Es ist bisher nicht möglich, ein Modell einer Software im Vorfeld so zu entwickeln, dass daraus komplexe Programme generiert werden können oder dass einfach 1:1 herunterprogrammiert werden kann. Und nach meiner Ansicht wird es das auch nie geben.[2]

Die Idee der schwergewichtigen Methodologien ist m. E. eng verknüpft mit der Annahme, dass man aus formalen Modellen (wie z. B. UML) Software generieren kann, denn nur durch eine Werkzeugunterstützung und generative Techniken lassen sich umfangreiche bürokratische Software-Prozesse überhaupt realisieren. Code-Generierung auf Basis formaler Modelle ist zwar für kleine Teilaspekte (wie z. B. sehr einfache Persistenz-Layer) prinzipiell möglich. Aber bis heute gibt es weder eine vollständige grafische Notation noch eine dazugehörige vollständige Semantik, mit der alle Aspekte einer Software rein durch Bilder beschrieben werden können. Und wenn es diese Bildersprache irgendwann gibt, dann bin ich mir nicht ganz sicher, ob die Menschen die verschiedenen zweidimensionalen Diagramme in einem größeren Software-Projekt noch wirklich alle zueinander in Perspektive setzen werden können. Es ist die Suche nach einer neuen Programmiersprache, einer Sprache, die auf Bildern basiert, anstatt auf englischsprachigen Texten. Der Gedanke ist: Wenn wir Software aus der Spezifikation generieren können, dann brauchen wir nur noch zu spezifizieren und wir brauchen nicht mehr zu programmieren. Damit entfällt auch das Problem der Synchronisation zwischen Programmcode (Wirklichkeit)[3]und den Modellen (Scheinwirklichkeit).

Ende der 80er bzw. Anfang der 90er Jahre gab es schon einmal einen solchen Trend. Der Trend hieß »Computer-aided Software Engineering« (kurz: CASE). Mit Hilfe von CASE-Tools sollten aus formalen Modellen Programme generiert werden können. Ich habe diese Zeit selbst als junger Entwickler miterlebt. Die Tools waren sehr teuer und nur nach umfangreichen Schulungen überhaupt nutzbar. Bald stellte sich heraus, dass diese Art der Software-Erstellung nicht funktionierte. Der Trend war vorbei. Heute, mehr als 10 Jahre später, stehen wir vor einem neuen Trend: Model-driven Architecture (kurz: MDA) und Tool-basierte, generative Software-Entwicklung auf Basis schwergewichtiger, formaler Prozessmodelle. Den einzigen Unterschied, den ich zur Vergangenheit sehe, ist, dass es heute nur noch eine Modellierungsnotation (UML) und nicht mehr für jedes Tool eine herstellerspezifische Methodologie gibt.

Erfahrene Programmierer kennen die Probleme, die häufig in bürokratischen Projektumgebungen entstehen:

---

2 Ich sage das auf die Gefahr hin, dass ich in 100 Jahren in allen Büchern zum Thema Software-Entwicklung zitiert werde …

3 Der Programm-Code ist die Wirklichkeit, da dieser am Ende in Form eines lauffähigen Programmes an den Kunden ausgeliefert wird. Der Kunde erhält nicht die Modelle als Ergebnis.

- Spezifikationen, Konzepte, Architekturen und Modelle, die schon kurz nach dem Start der Entwicklung nicht mehr viel mit der Wirklichkeit (dem Programmcode) zu tun haben.
- Dokumente, die nur um ihrer selbst willen geschrieben werden und die keinerlei Nutzen oder Sinn für die Software-Erstellung haben.
- Textmengen, die niemand mehr überblicken kann und die bei Änderungen immer wieder durchgelesen und auf Relevanz für den Entwicklungsplan und -umfang hin überprüft werden müssen.
- Statusberichte und Zeitpläne, die nicht mit der Wirklichkeit des Projektes übereinstimmen.

Aus diesen Erfahrungen sind die agilen Methodologien hervorgegangen. Mit agilen Methoden versuchen Programmierer instinktiv das zu verändern, was das Kernproblem der Software-Entwicklung ist: die Unfähigkeit, die Entwicklung von Software systematisch zu planen. Da sich übermäßige Bürokratie in Software-Projekten in der Vergangenheit und bis zum heutigen Tage nicht bewährt hat, wird mit agilen Methoden versucht, die Bürokratie zu minimieren bzw. zu optimieren. Wenn man die Bandbreite der verschiedenen Ansätze betrachtet, dann wird klar, dass es keine Einigkeit über den Grenzwert gibt, ab dem eine Methodologie bürokratisch wird und ab wann die dünne Linie überschritten wird, in der Bürokratie zum Selbstzweck wird. Vor diesem Hintergrund ist Feature-based Programming (FBP) entstanden.

6.2 Was ist anders an Feature-based Programming?

Feature-based Programming ist eine agile, leichtgewichtige Vorgehensweise, die ein praxiserprobtes Optimum beschreibt. FBP basiert auf der Idee, dass ein Kern von Standard-Vorgehensweisen und Instrumenten definiert wird, die in jedem Software-Projekt zwingend erforderlich sind und die dann auch strikt eingehalten/genutzt werden. FBP ist also kein Baukastensystem. Es beschreibt genau eine Vorgehensweise, in deren Rahmen Zuverlässigkeit, Kreativität und Agilität möglich werden.

FBP kann bereits in Projekten mit wenigen Tagen/Wochen Laufzeit eingesetzt werden. Seine Stärken spielt es jedoch erst ab einer Laufzeit von sechs Wochen richtig aus. Die sinnvolle Teamgröße reicht von einem bis hin zu 19 gleichzeitigen Entwicklern. Ab dieser Projektgröße kann weiter skaliert werden, indem mehrere Teams parallel an Teilkomponenten einer Software arbeiten. Eine optimale Projektgröße ist nach den bisherigen Erfahrungen: 3–5 Entwickler über 6–8 Monate.

Für verschiedene Projektgrößen wird exakt die gleiche Vorgehensweise genutzt. Wie ist das möglich?

Ich möchte das Basisprinzip von FBP anhand eines interessanten Beispiels aus einer völlig anderen Welt erläutern:

Die Delta Force ist eine (»fast« geheime) Spezialeinheit der US Army. Spezialeinheiten bestehen aus kleinen Teams von extrem gut ausgebildeten und trainierten Soldaten. Jedes

Teammitglied, Operator genannt, wird auch danach ausgewählt, dass es in brenzligen Situation schnelle Entscheidungen trifft und jederzeit im Blick hat, welche Entscheidungen zu jedem Zeitpunkt die wirklich wichtigsten sind.

Die Teams zeichnen sich durch ein sehr kooperatives Vorgehen aus. Zwar gibt es einen Team-Leader, gleichwohl kennt jedes Teammitglied genau seine Aufgaben und führt diese auch selbstständig und zuverlässig aus, worauf sich jeder im Team auch jederzeit verlassen kann. Jedes Teammitglied kann auch sehr gut allein handeln, sollte die Gruppe einmal getrennt werden. Ein Beispiel für das systematische Vorgehen eines Delta-Force-Teams ist das Stürmen eines Raumes z. B. bei einer Geiselbefreiung:

Die Tür wird aufgesprengt und eine Blendgranate wird in den Raum geworfen. Der Erste, der den Raum betritt, wird auf die »schwerere« Seite des Raumes gehen. Diese Entscheidung muss blitzartig bei Eintritt in den Raum getroffen werden. Mit »schwerer« ist der längere Teil des Raumes aus der Sicht der Tür gemeint und/oder die Seite, auf der mehr Zielpersonen sind. Wenn dies beispielsweise die linke Seite ist, dann geht der erste Operator eng an der Wand entlang in die linke Ecke des Raumes, wobei er die ganze Zeit Ziele anvisiert und ausschaltet. Dabei muss der Operator natürlich blitzschnell zwischen Zielpersonen und Geiseln unterscheiden. Ist der Operator in der Ecke angekommen, dann geht er weiter nah an der Wand entlang hin zur linken hinteren Ecke des Raumes, ständig auf der Suche nach Zielpersonen. In der hinteren Ecke angekommen, dreht sich der Operator mit dem Rücken zur Wand und mit dem Blick in den Raum hinein.

Der zweite Operator betritt den Raum sofort nach dem ersten Operator und übernimmt automatisch die andere Seite des Raumes. Der Grund dafür ist nicht nur die bessere Aufteilung der Teammitglieder im Raum, sondern auch die Tatsache, dass die Augen eines Beobachters (z. B. der Geiselnehmer) nicht zwei bewegten Zielen in entgegengesetzte Richtungen folgen können. Eng an der Wand entlang bewegt sich der zweite Operator bis in die rechte hintere Ecke und dreht sich dann ebenfalls in Richtung des Raumes um.

Zwei weitere Operatoren warten vor der Tür. Sie folgen nicht sofort den ersten beiden Operatoren, sondern verzögern den Eintritt ein wenig, da Beobachter, die die Tür noch im Blick haben könnten, diese nun aus dem Fokus verlieren und den bereits im Raum befindlichen Operatoren mit den Augen folgen. Ein Operator geht schließlich links, der andere rechts neben die Tür und unterstützt den bereits im Raum befindlichen Operator, indem er Zielpersonen — ausgehend von der Mitte des Raumes — nach links bzw. nach rechts ausschaltet. Menschen, die diese Situation einmal innerhalb des Raumes erlebt haben, können sich nicht daran erinnern, dass noch weitere Personen den Raum nach den ersten beiden Teammitgliedern betreten haben.

Jeder Operator kennt genau den Bereich, den er jeweils zu sichern hat. Der gesamte Raum befindet sich jetzt in der Kontrolle des Teams. Es gibt keinen Punkt, der nicht einsehbar wäre.

Sowie nicht mehr geschossen wird, wird der Team-Leader beruhigend auf die Geiseln einreden und durch Fragen feststellen, ob im Raum noch weitere Gefahren wie z. B. Sprengstoff lauern. Wenn alles unter Kontrolle ist, gibt der Team-Leader einen kurzen Situationsbericht an das Kommando, fordert medizinische Hilfe an — falls erforderlich —

und sorgt für die Evakuierung der Geiseln. Dann gehen alle Teammitglieder noch einmal die gesamte Aktion durch und versuchen nachzuvollziehen, wer sich wie bewegt und wer welche Zielpersonen ausgeschaltet hat. Das gilt natürlich nur für den Fall, dass keine Notfall-Evakuierung erforderlich ist und keine weiteren Gefahren zu erwarten sind. Schließlich wird das Ergebnis der Operation als vollständiger Bericht an das Kommando weitergegeben.[4]

Solche, perfekt eingespielten Vorgehensweisen gibt es natürlich nicht nur bei Spezialeinheiten, sondern auch bei der Feuerwehr, im Operationssaal und in anderen Bereichen, in denen jeder Handgriff sitzen muss, damit ein Team zusammen erfolgreich sein kann.

Das Vorgehen in dem hier genannten Beispiel wird so oft trainiert, bis jedes Teammitglied es im Schlaf beherrscht. Trotzdem ist jede Situation und jeder Raum komplett anders. Die Raumaufteilung ist anders, die Aufstellung und Anzahl der Zielpersonen und der zu befreienden Geiseln variiert. Im Moment des Eintritts muss jeder Operator sehr schnelle Entscheidungen treffen. Trotzdem hat das Team eine genau definierte gemeinsame Vorgehensweise. Und nicht nur das: Alle Teams trainieren die gleiche Vorgehensweise, denn nur so können alle Operatoren miteinander in neuen Teams gemischt werden. Jedes Teammitglied ist gezwungen, sich an die generelle Vorgehensweise zu halten, da sonst möglicherweise jemand aus den eigenen Reihen verletzt oder gar getötet wird.

Genau betrachtet ist das Vorgehen in den wesentlichen Punkten strikt, aber zugleich bildet es den Rahmen dafür, in wechselnden Situationen unterschiedlich und gewissermaßen kreativ handeln zu können. Es ist eine perfekte Balance zwischen einem geregelten, systematischen Vorgehen und situativen Entscheidungsprozessen, die sich nicht weiter zerlegen und formalisieren lassen. Es bildet die Basis dafür, dass ein Team möglichst optimal gemeinsam und gerichtet handeln kann. Dies ist jedoch nur möglich, weil die Teammitglieder allesamt sehr erfahren und sehr gut ausgebildet sind und alle erforderlichen technischen und handwerklichen Fähigkeiten besitzen. Man bekommt das Gefühl, dass das Vorgehen optimal ist und es sich auch nicht weiter verbessern lässt.

Und ich nehme an, dass bei anderen Spezialeinheiten auf der Welt dieses Vorgehen ein bisschen anders trainiert wird, denn es gibt wohl auch für dieses Problem mehrere minimale, optimale Lösungen.

In den vergangenen Jahren haben wir festgestellt, dass es auch für die Entwicklung von Software einen minimalen, optimalen Prozess gibt, der die Flexibilität nicht einschränkt, sondern im Gegenteil durch Transparenz und Einfachheit ein Team unterstützt. FBP ist in einem neu gegründeten Unternehmen entstanden. Wir haben sozusagen mit einem leeren Blatt Papier und viel Erfahrung mit den verschiedensten Entwicklungsprozessen angefangen und haben dann über vier Jahre lang schrittweise eine Methodologie aus der Sicht von erfahrenen Programmierern entwickelt und verfeinert. Dabei berücksichtigen wir auf der einen Seite die Aspekte, die für ein wirtschaftlich handelndes Unternehmen wichtig sind, wie vertragsrechtliche Aspekte und Wirtschaftlichkeitsprinzipien, als auch auf der anderen Seite die Aspekte, die für die Planung und handwerkliche Herstellung

---

4 Frei formuliert und wiedergegeben auf Basis von Schilderungen aus dem Buch *Inside Delta Force* von Eric L. Haney.

von Software erforderlich sind. FBP ist bottom-up entlang der täglichen Herausforderungen im Entwicklungsalltag entstanden.

Ein FBP-Team bei der Software-Entwicklung ist so ähnlich wie ein Delta-Force-Team, das einen Raum stürmt: Die Kernpunkte sind abgestimmt und werden strikt eingehalten. Jeder weiß, was er zu tun hat. Der Rest ist eine gute Ausbildung, Zuverlässigkeit und Kreativität.

7 Elemente des Feature-based Programming

Bevor wir uns tiefer in die Details »eingraben«, müssen ein paar Begriffe geklärt werden, die ich bis hierhin recht sorglos verwendet habe.

7.1 Kunde

Ein Kunde ist der Auftraggeber eines Software-Projektes. Ein Kunde beauftragt entweder einen externen Dienstleister oder eine unternehmensinterne Einheit seines Unternehmens. Mit Kunde kann je nach Kontext eine Organisation, eine Managementfunktion oder eine andere Angestelltenfunktion gemeint sein.

7.2 Dienstleister

Der Dienstleister ist der Auftragnehmer, der den Auftrag zur Umsetzung eines Software-Projektes annimmt und ausführt. Ein Dienstleister kann eine externe Firma oder eine interne Abteilung im Unternehmen des Auftraggebers sein.

7.3 Projektbeteiligte

In einem Projekt sind meist neben dem Kunden und dem Dienstleister noch weitere Dienstleister beschäftigt, die Anteil an der Realisierung des Projektes haben. Häufig ist man von den Arbeitsergebnissen anderer Projektbeteiligter abhängig, weshalb diesen ein besonderes Augenmerk gebührt.

7.4 Entwickler, Entwicklungsteam, Programmierer

Entwickler sind diejenigen auf Seiten des Dienstleisters, die den Auftrag ausführen und die vom Kunden gewünschte Software realisieren. Dazu gehört die Analyse, welche Features der Kunde haben möchte, die Erstellung der Feature-Liste und des Release-Plans, das Verfolgen von Maßnahmen und vor allem die Programmierung. Mehrere Entwickler arbeiten zusammen in einem Entwicklungsteam. Entwickler ist ein Synonym für Programmierer. Daraus lässt sich schlussfolgern, dass Programmierer selbst für die Planung und die Kommunikation mit dem Kunden zuständig sind. Ein Programmierer sollte einschlägige Erfahrungen haben, bevor er direkten Kundenkontakt hat. Deshalb sollte Verantwortung mit wachsender Erfahrung einhergehen. FBP definiert dazu das Konzept der Erfahrungsstufen.

7.5 Manager

Manager führen beim Dienstleister das Geschäft aus der kaufmännischen Perspektive. Sie sind für die ordentliche kaufmännische Abwicklung von Aufträgen, die Profitabilität und einen positiven Cash Flow des Dienstleisters sowie für eine transparente Erfolgsmessung zur Steuerung des Unternehmenserfolgs zuständig (Projekt-Controlling). Das klingt für einen Programmierer erst einmal ziemlich irrelevant. Da ich selbst Programmierer bin und eine eigene Firma habe, kann ich aber aus eigener Erfahrung versichern, dass in einer Firma, die nicht nur technisch, sondern auch wirtschaftlich erfolgreich sein will, ein guter Manager genauso wichtig ist, wie ein guter Programmierer.

Im Idealfall leben beide Spezies in einer perfekten Symbiose zusammen, wobei jeder die Fähigkeiten des anderen respektiert und auch nicht versucht, auf dem Terrain des anderen zu agieren. Im Normalfall ist das leider nicht so: In den USA fasst man das unter »Nerds versus Suits« zusammen. Auf der einen Seite die begabten, interessierten Tüftler (Nerds), die man als Manager nicht alleine zum Kunden schicken darf, die unzuverlässig sind und keine sozialen Kontakte außerhalb der virtuellen Computerwelt haben und sich für nichts weiter begeistern lassen, als für technische Details. Auf der anderen Seite die Anzugträger (Suits), die von Technik keine Ahnung haben, dem Kunden Dinge versprechen, die nicht machbar sind und ständig Konzepte, Formulare und Regeln für die systematische Organisation der Software-Entwicklung erarbeiten, die nicht praxistauglich sind. Suits mischen sich in die Entwicklung ein. Nerds halten sich aus allem heraus, was durch die Suits vorgegeben wird.

7.6 Feature

Im Feature-based Programming dreht sich alles — wie der Name schon sagt — um Features. Features sind grob vergleichbar mit User-Stories im Extreme Programming (XP). Ein Feature ist eine Geschichte oder ein Szenarium, wie ein abgeschlossener Aspekt einer Anwendung funktionieren soll. Es beschreibt ein diskretes Ziel einer Interaktion eines Users mit einer Software. Es beschreibt also nicht einfach nur die Interaktion an sich, denn dann wäre ein Feature z. B. nur eine textuelle Beschreibung einer Interaktion mit einer grafischen Oberfläche, sondern es beinhaltet auch das Ziel der Interaktion. Das ist nicht einfach einzuhalten (und in manchen Fällen sogar unmöglich).

Die Summe aller Features eines Systems beschreibt, wie der Kunde die Anwendung einzusetzen gedenkt. Der Kunde muss nachvollziehen können, ob ein Feature implementiert wurde. Er muss es also selbst testen können. Daher darf ein Feature keine Aspekte der Anwendung beschreiben, die »unter der Haube« stattfinden und rein technischer Natur sind.[1] Features sind kleiner und granularer als XP User-Stories. Das sieht man daran, dass ein Feature nicht mehr Implementierungsaufwand als maximal fünf Tage erfordern sollte. Ein Feature wird auch nicht weiter in Tasks zerlegt. [2]

---

1 Eine Ausnahme ist natürlich, wenn rein technische Aspekte, wie z. B. eine Anwendungsschnittstelle, implementiert werden sollen. Für diesen eher technisch orientierten Kunden befindet sich dann aber die Beschreibung des Features auf der gleichen logischen Ebene, wie für einen Kunden, der eine Anwendung mit einer grafischen Oberfläche erhält.

2 Die Grenze zwischen einem Feature und einem Use-Case (im Sinne der UML) ist schmal. Ein Feature ist — im Gegensatz zu einem Use-Case — immer etwa gleich groß. Ein einzelner Use-Case kann von der Größe her einem Feature bis hin zu dutzenden Features entsprechen. Trotzdem kann es hilfreich sein, Use-Case-Diagramme als Vorbereitung für die Erstellung einer Feature-Liste zu zeichnen.

Die Feature-Beschreibung enthält alles, was über das Feature inhaltlich zur Implementierung bekannt sein muss, ohne Implementierungsdetails zu formulieren. Aus der Beschreibung wird nicht auf zusätzliche Dokumentation verwiesen. Trotzdem kann es natürlich Dokumente geben, die weitere Informationen beinhalten, die zur Implementierung der Features hilfreich sein können. Diese Informationen sollen jedoch keine neuen Aspekte definieren, die über die Feature-Beschreibung hinausgehen. Jedes Feature hat genau sieben Bestandteile, nämlich

- eine eindeutige Nummer,
- einen Titel[3],
- eine Beschreibung,
- genau einen Verantwortlichen,
- eine Zuordnung zu einem Release,
- eine Aufwandsschätzung in Form eines Intervalls mit einem minimalen und einem maximalen Aufwand,
- einen Status.

7.7 Feature-Liste

Alle Features eines Projektes werden zusammen in einer Feature-Liste geführt. Eine Feature-Liste ist immer eine Tabelle. Jede Zeile in der Tabelle enthält genau ein Feature. Die Feature-Liste ist zugleich der interne Arbeitsplan und die Basis für die vertragliche Vereinbarung mit dem Kunden. Dadurch muss immer nur genau ein Plan erstellt und aktuell gehalten werden. Der Kunde hat also die gleichen Informationen wie das Entwicklerteam. Spätestens nach einem Deployment und bei Erweiterungen und Änderungen während eines Releases erhält der Kunde eine aktualisierte Feature-Liste. Der letzte Stand der Feature-Liste ist zugleich die Checkliste für die Abnahme der fertigen Software.

7.8 Releases, Deployments und Kunden-Feedback

Ein Release ist ein Zeitintervall, in dem Features implementiert werden. Ein Release hat einen Anfangstermin und einen Endtermin. Diese liegen ein bis drei Wochen auseinander. Der Endtermin eines Releases ist gleichzeitig der Deployment-Termin. Am Deployment-Termin wird das aktuelle Release garantiert an den Kunden ausgeliefert. Das Release enthält dann alle Features, die diesem Release zugeordnet sind. Ein Release wird vor und nach dem Deployment vom Entwicklerteam getestet. Dann wird es vom Kunden getestet. An jedes Release ist ein Kunden-Feedback geknüpft. Die Zeit für das Kunden-Feedback beginnt mit dem Deployment und endet meist drei bis vier Werktage nach dem Deployment. Der Kunde sollte das Release weiter testen. Jedoch werden

3 Meistens zwei Worte, bestehend aus Substantiv und Verb.

alle Anmerkungen und Bugs, die während des Kunden-Feedback-Zeitraums gemeldet werden, garantiert in das nächste Release eingearbeitet, sofern es sich nicht um neue Feature-Wünsche oder komplexe Änderungen handelt. Diese müssen in die Feature-Liste und in den Release-Plan eingearbeitet werden, bevor sie realisiert werden. Am Tag nach dem Deployment erfolgt immer und automatisch ein Projekt-Checking.

7.9 Release-Plan

Ein Release-Plan ist eine grafische Übersicht in Form eines Balkendiagramms über alle Releases, Deployment-Termine und Kunden-Feedback-Termine. Hilfreich ist zudem, wenn alle entscheidenden Maßnahmen ebenfalls im Release-Plan sichtbar sind. Ziel ist es, einen Release-Plan am Anfang des Projektes auf Basis einer Feature-Liste zu erstellen und diesen dann während der Entwicklung nicht mehr ändern zu müssen. Um uns das zu vereinfachen, haben wir uns ein Software-Werkzeug gebaut, mit dem man Feature-Listen pflegen kann und das automatisch aus den erfassten Terminen grafische Release-Pläne generiert. Manuell ist das sehr aufwändig und artet schnell in Bürokratie aus. Das Werkzeug heißt *Captain Feature* und wird in einem späteren Kapitel vorgestellt.

7.10 Maßnahmen

Maßnahmen müssen von Entwicklern, vom Kunden oder von anderen Projektbeteiligten umgesetzt werden, damit die Software pünktlich ausgeliefert werden kann. Da die Entwickler am Ende für die pünktliche Auslieferung verantwortlich sind (und es meistens niemanden mehr interessiert, wer vorher mal irgendwann etwas nicht rechtzeitig zugeliefert hat), hat es sich beim FBP bewährt, eine Liste aller wirklich wichtigen Maßnahmen zu führen, selbst wenn jemand anderes für ein übergreifendes Projekt-Management verantwortlich ist. Natürlich reicht es nicht aus, diese Liste nur zu führen, sondern der Entwickler muss auch dafür sorgen und es vorantreiben, dass die Maßnahmen umgesetzt werden.

Zu jeder Maßnahme gehören sechs Informationen:

- eine eindeutige Nummer,
- eine Kurzbezeichnung (kann auch Substantiv und Verb sein),
- eine ausführliche Beschreibung,
- genau einen Verantwortlichen,
- einen Fertigstellungstermin,
- einen Status.

Wenn eine Maßnahme verschoben wurde oder sich verzögert hat, dann muss schnell ein neuer Fertigstellungstermin abgestimmt werden. Es sollte nie eine offene Maßnahme geben, die einen Fertigstellungstermin in der Vergangenheit hat. Wenn es Verschiebungen gegeben hat, dann sollten die alten Termine (auch wenn es mehrere sind) alle noch in der Liste, in Klammern gesetzt, erhalten bleiben. So kann man bei Maßnahmen weiterhin erkennen, ob sie bereits einmal verschoben wurden. Wichtig ist jedoch, weil das sehr aufwändig ist, dass das Entwicklungsteam wirklich nur die für den Projekterfolg absolut notwendigen Maßnahmen verfolgt, da sonst schnell die Grenze zur Bürokratie überschritten wird. Kleinigkeiten können immer schnell per E-Mail eingesteuert werden. Es macht keinen Sinn, alles in einem Maßnahmenplan zu dokumentieren.

Die Beschreibung einer Maßnahme sollte immer die beiden folgenden Informationen enthalten:

- die Beschreibung der Aufgabe, die zu erledigen ist (z. B. »Schreiben einer Spezifikation zum Thema X«),
- die Beschreibung des Ergebnis, das vorliegt, wenn die Aufgabe erledigt ist (z. B. »Spezifikationsdokument als PDF«).

7.11 Maßnahmenplan

Ein Maßnahmenplan enthält alle Maßnahmen eines Projektes. Die meisten Maßnahmen sollten zu Beginn des Projektes gesammelt werden, um mögliche Probleme so früh wie möglich erkennen zu können. Während der Entwicklung wird der Maßnahmenplan bei Bedarf ergänzt.

7.12 Actions-on-Planung

Für alles, was schief gehen kann, muss vorausgedacht werden, was idealerweise von wem bis wann zu tun ist und was passiert, wenn es nicht getan wird. Also: gemeinsam mit dem Kunden und allen Projektbeteiligten einen Workshop ausrichten und gemeinsam überlegen, was alles schief gehen kann. Das sollte man natürlich zu Beginn des Projektes machen.

Für alles, was schief gehen kann, wird definiert, wer sich darum kümmert, dass es nicht schief geht (so einfach ist das?!). Und es wird ein Termin dafür festgelegt. Bei allen Punkten überlegt man sich zudem, was zu tun ist, wenn es trotzdem nicht klappt. Es geht dabei nicht um Planung, sondern um Sensibilisierung: Wenn jemand weiß, dass er für etwas verantwortlich ist, was z. B. den Zeitplan des Projektes zerstören kann, dann wird er sich stärker anstrengen, dass seine Aufgabe sich nicht verzögert. Andere Dinge, die man vielleicht nicht beeinflussen kann, haben dann alle Projektbeteiligten und der Kunde stärker im Auge und haben mental schon die Alternativplanungen im Kopf, wenn etwas nicht so läuft wie geplant. Es ist dann vieles einfach nicht mehr so überraschend.

In Projekten gehen meistens immer die gleichen Sachen schief. Nach einer Zeit kann man sich eine Liste von Actions-on machen, die man immer wieder bei Projekten standardmäßig durchgeht. Ein Beispiel sind die Ports in einer Firewall. Ich habe schon tausend Mal gehört, dass bei der Installation festgestellt wurde, dass irgendwelche Ports nicht offen waren, obwohl eigentlich schon zu Beginn der Entwicklung klar war, welche Ports geöffnet sein müssen. Das ist dann eine kleine Verzögerung von vielen. Und es gibt noch tausend weitere Beispiele. Frage: »Und warum verzögert sich ein Projekt um ein Jahr?« Antwort: »Weil sich 365 Kleinigkeiten um einen Tag verzögert haben.«

7.13 Kunden-Test-Feedback

Der Kunde liefert nach dem Deployment bis zu einem festgelegten Termin garantiert ein Feedback über Bugs und Anmerkungen zur Verbesserung der Anwendung zurück. Möglicherweise fallen dem Kunden auch neue Features ein. Dieses Feedback wird über ein zentrales, allen Projektbeteiligten zugängliches System gesammelt, wie z. B. einem Bugtracker. Das sorgt für Ordnung und dafür, dass nichts verloren geht. Eine Message sollte daher sein: Es wird nur das gefixt, was über den Bugtracker gemeldet wird.

7.14 SOP: Standard Operation Procedures

Alle Vorgehensweisen, die sich bewährt haben, werden in einer Liste gesammelt, damit neue Teammitglieder sich schnell in die Mechanismen einarbeiten können, auf die sich alle Teammitglieder geeinigt haben und nach denen gearbeitet wird. Das ist sozusagen die gemeinsame Moral der Entwicklungsteams. Es gibt zwei Möglichkeiten: Die eine ist, die SOPs einzuhalten, denn sie sind der Konsens der Gemeinschaft. Die andere ist, die Anregungen zur Diskussion zu stellen, die SOPs zu verändern oder zu erweitern. Ignorieren oder Umgehen von SOPs ist keine Option. Sie sind die Grundlage für kooperatives Verhalten. Ein SOP besteht normalerweise aus der kurzen Beschreibung des SOP und einer Erklärung, warum das SOP so ist, wie es ist.

7.15 Projekt-Checking

Direkt am Tag nach dem Deployment wird ein Projekt-Checking gemacht, bei dem sich der Entwickler mit einem Manager aus dem Projekt-Controlling das Projekt und vor allem das jeweils vergangene Release qualitativ und quantitativ anhand der Zahlen anschaut:

- Wie viele Features waren geplant? Wie viele wurden ausgeliefert?
- Wie viele Tage Entwicklungsaufwand waren für das Release geplant? Wie viele Tage wurden wirklich benötigt?
- Gibt es offene Maßnahmen, die das Projekt gefährden könnten?
- Wie ist die Kundenzufriedenheit?

Der Manager dient nicht als Ankläger oder Besserwisser, sondern er soll ein Sparrings-Partner für den Entwickler sein. Am Tag nach einem Deployment kehrt ein wenig Ruhe im Entwicklerteam ein. Ein Meilenstein ist geschafft. Jetzt geht es weiter mit dem nächsten Release. Das ist der beste Zeitpunkt, um die Ergebnisse zu reflektieren. Dafür dient das Projekt-Checking. Für gemeinsam aufgedeckte (nicht-technische) Probleme werden dann im Dialog Lösungen gesucht.

7.16 Erfahrungsstufen

Praktische Erfahrung ist die wichtigste Voraussetzung, um ein Software-Projekt zum Erfolg führen zu können. Es gibt vier Erfahrungsbereiche:

- Programmiererfahrung
- Projekt- und Teamerfahrung
- Modellierungs- und Design-Erfahrung
- Management-Erfahrung

Um wirklich von Programmiererfahrung sprechen zu können, sollte man meiner Ansicht nach mindestens mehr als fünf Jahre möglichst jeden Tag programmiert haben. Hilfreich ist auch, wenn man sich bereits von früher Kindheit an mit Computern beschäftigt und das Programmieren bereits als Kind gelernt hat. Es ist ähnlich wie mit dem Klavier spielen: Die Leichtigkeit, die man erlangen kann, wenn man bereits als Kind an das Instrument herangeführt wurde, wird man später nicht mehr erreichen, wenn man erst im Alter das Instrument erlernt. Darum bin ich auch kein Freund davon, Menschen, die sich ihr ganzes Leben lang für andere Dinge interessiert haben, plötzlich zu Programmierern umzuschulen. Ich plädiere daher dafür, dass die Programmierung von Software nur von Menschen gemacht werden sollte, die eine fundierte akademische Ausbildung haben, wie z. B. (technische) Informatik oder Elektrotechnik. Während der Zeit der Ausbildung sollte man bereits mehrere Programmiersprachen gelernt und einige Tausend Zeilen Code geschrieben haben. Mindestens eine Programmiersprache sollte man perfekt beherrschen.

Denn: es würde sich auch niemand von einem Chirurgen operieren lassen, der gerade vor einem halben Jahr umgeschult wurde. Ein Chirurg muss nämlich auch zunächst umfangreiche theoretische Kenntnisse erwerben, bevor er unter Beobachtung und Anleitung seine praktischen Kenntnisse erweitern darf. Im Software-Business sind autodidaktische Programmierer nicht unüblich. Und diese arbeiten dann unter Umständen an strategisch wichtigen Unternehmensanwendungen oder komplexen technischen Software-Systemen, sozusagen am »offenen Herzen«.

Neben der Programmiererfahrung ist Projekt- und Teamerfahrung in der kommerziellen Entwicklung wichtig. Alleine zuhause oder in der Universität in einem Kurs mit anderen Studenten zu programmieren, unterscheidet sich deutlich von der Arbeit in einem Team kommerzieller Entwickler, die Zeitpläne und Verträge einhalten müssen. In diesem Bereich sollte man ebenfalls etwa drei bis fünf Jahre Erfahrung sammeln. Nicht nur, um die gruppendynamischen Effekte in einem Projektteam verstehen zu lernen, sondern auch, um die Kommunikation mit dem Kunden und anderen Projektbeteiligten zu erlernen.

Parallel dazu sind die Fähigkeiten im Bereich der Modellierung und des Designs zu schärfen. Und damit ist nicht nur das Design eines Moduls gemeint, das man dann anschließend sowieso selbst implementiert, sondern ebenso das Design eines gesamten Software-Systems, das von einem Team gemeinsam implementiert wird.

Management-Erfahrung bedeutet darüber hinaus, die Fähigkeit zu besitzen, ein solches Entwicklungsteam zu führen — und damit meine ich Führung vor allem im Sinne einer Vorbildfunktion. Also: den Kollegen zu helfen, anstatt sie zu behindern. Nichts von anderen zu fordern, was man nicht auch selbst bereit ist zu tun. Erst wenn man von der Programmierung bis zum Management alle Erfahrungen gemacht hat — und nur dann — sollte man damit betraut werden, ein Software-Projekt allein zu leiten und ein Entwicklungsteam zu führen. Und: man sollte nie aufhören zu programmieren, denn sonst entfernt man sich zu weit vom eigentlichen Kern der Sache. Das ist in unserem Geschäft tödlich: Neue Technologien kommen und gehen. Wer zwei bis drei Jahre nicht mehr praktisch gearbeitet hat, ist auch nicht mehr auf dem neuesten Stand der Technik und kann vieles schon nicht mehr beurteilen.

Darum sind im Feature-based Programming so genannte Erfahrungsstufen definiert, nach denen anhand der Erfahrung der einzelnen Teammitglieder Verantwortlichkeiten im Projekt vergeben werden können. Erfahrungsstufen sind keine Job Titles oder Hierarchiestufen, auf die man befördert wird. Erfahrungen entwickeln sich. Menschen wachsen mit der Zeit in die Position hinein, die ihrer Erfahrung entspricht.

Die Erfahrungsstufen sind:

- Programmierung
- Modul-Management
- Programm-Management
- Projekt-Management

Aus dem vorher Gesagten kann abgeleitet werden, was diese Erfahrungsstufen umfassen. Später, in den Ausführungen über Teams gehe ich noch genauer darauf ein. In meiner Firma gibt es noch eine weitere Stufe, nämlich das Chapter-Management. Das ist für die Software-Entwicklung selbst nicht so relevant, aber wenn man gerne selbst an einer Firma beteiligt sein möchte: Ein Chapter-Manager führt einen eigenen Geschäftsbereich. Viele Programmierer interessieren sich nicht dafür. Die wenigen, die es aber doch tun, sollten die Chance dazu haben.

7.17 Performance Rating

Nach einem Projekt sollte man den Kunden unabhängig vom Entwicklungsteam befragen, wie zufrieden er mit dem Ergebnis ist und was das Team hätte besser machen können. Daraus können sich interessante Hinweise ergeben. Über diesen Mechanismus kann man Schwachpunkte aufdecken und systematisch Verbesserungen an der Organisation und am Feature-based Programming vornehmen.

8 Das Biotop für Feature-based Programming

Egal, wie groß ein Projekt ist, es läuft in den folgenden Punkten immer gleich ab. Das ist das Biotop, für das FBP eine minimale, optimale Vorgehensweise definiert. Es geht zunächst nicht darum, was gute Software ausmacht oder wie man es schafft, gute Software herzustellen, sondern wie die Erstellung effizient geplant werden kann. Erst dann kann man sich mit den Praktiken befassen, die die technische Realisierung betreffen. Hier nun ein kurzer Auszug dessen, was normalerweise in jedem Software-Projekt passiert und welche Erfordernisse daraus resultieren.

8.1 Analyse, Planung und Entwurf

- Der Kunde möchte eine Zeit- und Kostenabschätzung für die Lösung eines nicht genauer definierten oder unbenannten Problems. Um genauere Angaben machen zu können, muss das Problem analysiert und ein Lösungsvorschlag erstellt werden.
- Der Entwickler muss das Problem verstehen und die Teilschritte zur Lösung des Problems, die Features, aufzeigen.
- Die Features müssen so zerlegt werden, dass eine Aufwandsschätzung und eine Zeitplanung (Release-Plan) möglich werden.
- Der Manager braucht eine Aufwandsschätzung und eine nachvollziehbare Beschreibung der Features, um ein kaufmännisches Angebot machen zu können.
- Der Kunde braucht eine Beschreibung der Features und eine Aufwandsschätzung, um ein Budget beauftragen und einen Auftrag vergeben zu können.
- Der Manager braucht eine Release-Planung, um die Kapazitätsauslastung voraussagen zu können (bzw. Kapazitätsbedarf).
- Der Kunde braucht trotz aller Unwägbarkeiten eine Release-Planung, damit er vorausplanen kann, wann das Produkt fertig sein wird.

8.2 Umsetzung und Planaktualisierung

- Der Entwickler braucht eine nachvollziehbare Beschreibung der Features mit einer Aufwandsschätzung und eine Release-Planung, damit er das Produkt systematisch entlang der Features fertigstellen kann.
- Jeder Entwickler muss wissen, wer für welche Features verantwortlich ist, damit jeder im Team weiß, was und wann er was zu tun hat.
- Es muss so wenig Dokumente wie möglich geben, damit möglichst wenig Zeit mit »unproduktiven« Arbeiten verschwendet und möglichst viel Zeit mit der Software-Erstellung verbracht werden kann.

- Vom Entwickler sollte nicht umfangreiches Upfront-Design gemacht werden, da sich ein abstraktes Design bei wachsender Programmgröße während der Programmierung oft mehrmals entscheidend verändert. Jedes Feature muss ausreichend beschrieben sein. Tiefergehende Detaillinformationen zu den Features holt sich der Entwickler aber trotzdem erst während deren Implementierung.
- Dem Kunden sollte vor allem kommuniziert werden, WAS realisiert, aber nicht WIE es realisiert wird. Denn: der Kunde kauft das Produkt und nicht den Bauplan.
- Der Entwickler, der Manager und der Kunde müssen wissen, wie viel Zeit bisher für welche Features verbraucht wurde, wie viele Features fertig sind und ob es Abweichungen vom Plan gibt, um jederzeit feststellen zu können, ob der Plan in Ordnung ist oder ob er nachjustiert werden muss.
- Der Entwickler muss technisch versiert und erfahren sein, um gute Software produzieren/entwickeln zu können.
- Der Entwickler muss Teamtechniken beherrschen, mit denen ein Team von guten Entwicklern gemeinsam gute Software entwickeln kann.

8.3 Iterative Auslieferung und Feature-Aktualisierung

- Der Kunde muss in regelmäßigen, kurzen Abständen stetig neue Versionen der Software ausprobieren, damit der Entwickler sicher ist, dass er das baut, was der Kunde haben will und damit der Kunde weiß, dass er das bekommt, was er (mental und nicht nur vertraglich gesehen) beauftragt hat.
- Der Entwickler liefert in regelmäßigen, kurzen Abständen stetig neue Versionen der Software, damit er sich selbst davon überzeugen kann, dass das Team es schafft, aus einem kleinen stabilen Produkt ein großes stabiles Produkt zu bauen.
- Der Manager möchte, dass in regelmäßigen, kurzen Abständen stetig neue Versionen der Software ausgeliefert werden, damit er für jeden erfolgreichen Zwischenschritt eine Rechnung stellen kann, damit die Firma stets einen positiven Cash Flow hat.[1]
- Der Kunde braucht die regelmäßigen, erfolgreichen Releases, damit er guten Herzens die Rechnungen bezahlen kann, denn er sieht deutlich den Fortschritt.
- Der Entwickler braucht vom Kunden schon während der Entwicklung ein geordnetes Feedback, damit er das Feedback systematisch einarbeiten kann. Der Kunde muss nachvollziehen können, was eingearbeitet worden ist (was der Status der Bearbeitung ist).
- Wenn vom Kunden neue Ideen während der Entwicklung formuliert werden, dann muss die bestehende Beschreibung der Features erweitert und der Release-Plan und das Budget angepasst werden.

1 Das ist auch für interne IT-Abteilungen zumindest sinngemäß übertragbar.

- Der Entwickler muss alle Maßnahmen im Überblick und mit dem Release-Plan synchronisiert haben, die neben der Entwicklung getroffen werden müssen, damit er nicht durch externe Gründe an einer pünktlichen Realisierung und Auslieferung gehindert wird.
- Der Manager muss wissen, dass der Entwickler den Plan und die Umsetzung im Griff hat, damit der Manager die Firma nach ordentlichen kaufmännischen Grundsätzen führen kann. Das bedeutet nicht, dass der Plan sich nicht ändern kann. Der Manager kann aber darauf vertrauen, dass der Plan sich nicht überraschend ändert. Darum braucht er auch nicht ständig nach dem Status zu fragen.

8.4 Finale Auslieferung und Abnahme

- Der Manager muss die Abnahme der Software anhand der letzten aktuellen Beschreibung der Features durchführen lassen, damit die Erfüllung des Vertrages vom Kunden und vom Manager überprüft werden kann.[2]
- Der Entwickler muss die Abnahme der Software anhand der letzten aktuellen Beschreibung der Features durchführen lassen, damit er nachweisen kann, dass er alles ausgeliefert hat, was beauftragt wurde.

2 Ein Hinweis für Manager: Für evolutionäre Vorgehensmodelle eignen sich die Standard-Software-Erstellungsverträge nicht, da diese meist noch von einer Spezifikation ausgehen, die »eingefroren« und dann in der Entwicklung nicht mehr verändert wird.

9 Prozesse im Feature-based Programming

9.1 Die Projektphasen

Ein FBP-Software-Projekt wird in drei Phasen eingeteilt. In der Planung werden die Vorbereitungen für die Umsetzungen getroffen. Die Anforderungen werden analysiert und in Form von Features dokumentiert (Feature-Liste). Der Aufwand wird abgeschätzt. Daraus entsteht ein Umsetzungsplan (Release-Plan, Maßnahmenplan). In der Umsetzung findet die Programmierung statt. Das Team überprüft und verbessert laufend die Planung und stimmt mit dem Kunden über die Auslieferung von Zwischenversionen den endgültigen Umfang und die Details der Software ab. Am Ende der Umsetzung wird die Software in den laufenden Betrieb übernommen. Jetzt beginnt die Wartungsphase oder besser gesagt die Wartungsphasen, denn in den meisten Fällen wird Software über Jahre systematisch weiterentwickelt. Jeder Weiterentwicklungsschritt funktioniert wieder nach dem gleichen Prinzip wie die ursprüngliche Entwicklung und wird in eine Planungs- und eine Umsetzungsphase zerlegt. (Siehe Abbildung 9.1)

9.2 Die Planungsphase

Ich verzichte bewusst auf eine Definition weiterer Teilprozesse, wie dies z. B. im Rational Unified Process (RUP) getan wird. Trotzdem kann eine Planungsphase natürlich z. B. eine Machbarkeitsstudie beinhalten.

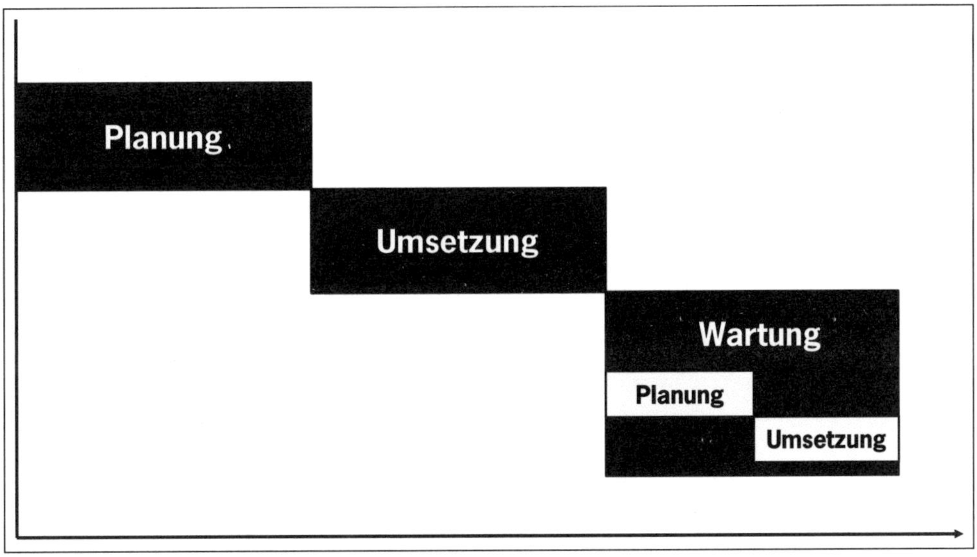

Abbildung 9.1: Die Planung wird vor der Umsetzung nach bestem Wissen und Gewissen abgeschlossen. Während der Umsetzung wird der Plan ständig mit der Realität synchronisiert. Das ist auch während der späteren Wartungsphase nicht anders.

In der Planung geht es vor allem darum, die drei Kerndokumente des FBP nach bestem Wissen und Gewissen zu erstellen und zu planen. Das sind die Feature-Liste, der Release-Plan und der Maßnahmenplan (siehe Abbildung 9.2).

Der wohl wichtigste Punkt im FBP ist, dass jedes Projekt komplett auf der Ebene Feature-Liste, Release-Plan und Maßnahmenplan durchgeplant wird. Die Entwicklungszeit wird dabei in feste, garantierte Release-Termine zerlegt, an denen garantiert Software an den Kunden ausgeliefert wird. Ich verwende für die Planung gerne die Formulierung »vollständig nach bestem Wissen und Gewissen« und meine damit, dass man selbst überzeugt von seinem eigenen Plan ist und aus der Beurteilung eines Bauchgefühls der Ansicht ist, alle Eventualitäten bedacht und eine vollständige Auflistung der vom Kunden gewünschten Features fertiggestellt zu haben, bevor mit der Programmierung begonnen wird. Die Entwickler schätzen selbst den Aufwand für die Software ab und legen selbst die nichtverschiebbaren Release-Termine (Deployments genannt) fest. Zusätzlich zur praktischen Erfahrung, dass das hervorragend funktioniert, habe ich noch bei den letzten Korrekturen zu diesem Buch einen Bericht über eine wissenschaftliche Studie gefunden, die zeigt, dass dieses Prinzip erfolgsversprechender ist, als lockere Termine situativ zu bestimmen und iterativ immer nur die jeweils nächste Iteration in einem Projekt vorauszuplanen. Aus psychologischer Sicht entspricht dieses Vorgehen dem Prinzip der Selbstbindung.

Laut einem Artikel aus *Bild der Wissenschaft* (Ausgabe 3/2003) haben zwei Forscher nachgewiesen, dass Selbstbindung die Leistungsfähigkeit erhöht. Die amerikanischen Wirtschaftswissenschaftler Dan Ariely und Klaus Wertenbroch gaben 100 Studenten die Aufgabe, für einen Kurs drei Arbeitspapiere zu verfassen. Der einen Hälfte der Gruppe wurden drei über das Semester gleichmäßig verteilte Abgabetermine gesetzt. Die andere Hälfte durfte ihre Abgabetermine selbst bestimmen. Das interessante Ergebnis: Die meisten Studenten der Gruppe ohne feste Termine wählten selbst gestaffelte Fristen und schoben nicht alles auf den letzten Termin. Viele von ihnen wählten jedoch lockere Fristen, die viel »Luft« bis zur Abgabe der einzelnen Arbeiten ließen. Dies hatte jedoch Auswirkungen auf die Qualität der Arbeiten: Die Arbeiten der ersten Gruppe mit den vorgegebenen, festen Terminen wurden im Durchschnitt von neutralen Juroren besser benotet. Das lag laut Studie aber offenbar nur an den Probanden, die sich selbst »weiche« Abgabetermine gesetzt hatten. Die Teilnehmer, die sich selbst unaufgefordert drei gleichmäßig verteilte Abgabetermine, also eine Selbstbindung, gesetzt hatten, schnitten ebenso gut ab wie jene, denen diese Terminmuster aufgezwungen worden waren. Das Fazit der Studie ist: Selbstbindung erhöht also, objektiv messbar, die Leistungsfähigkeit.

Wie gesagt: Das entspricht meinen praktischen Beobachtungen. Schauen wir uns nun an, wie man eine Feature-Liste, einen Release-Plan und einen Maßnahmenplan entwickelt.

9.3 Wie schreibt man gute Feature-Listen?

Eine gute Feature-Liste zeichnet sich aus durch:

- Vollständigkeit
- Ausführlichkeit

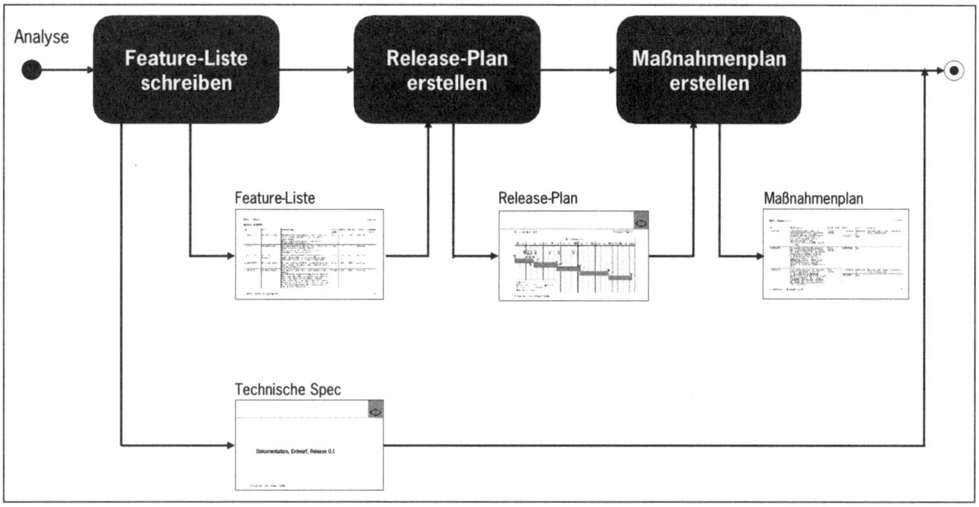

Abbildung 9.2: Planungsphase: Die drei Kerndokumente der Planungsphase sind die Feature-Liste, der Release-Plan und der Maßnahmenplan. Weitere Dokumente sind möglich, dürfen aber nicht den Inhalt der Feature-Liste beeinflussen, denn nur diese ist für die Entwicklung maßgeblich.

- Einfachheit
- Ausbalanciertheit
- Optimale Zerlegung
- Akzeptanz
- Realitätsbezug
- Aktualität

Bevor die Entwicklung startet, müssen alle Kriterien erfüllt sein. Das Schlimmste ist, mit einer nicht vollständigen Feature-Liste zu starten und diese nach und nach zu erweitern. Nach ein paar Releases kann man diesen Missstand nicht mehr aufholen und hat keinerlei Kontrolle mehr über die Release-Planung. Statt aktiv vorgehen zu können, kann man nun nur noch reagieren. So etwas wäre mir beinahe auch schon passiert:

Durch einen extremen Zeitdruck getrieben, mussten wir in einem Projekt mit einer Feature-Liste starten, bei der nur die ersten acht Releases fertig spezifiziert und durchgeplant und die nächsten fünf noch in Teilen unklar waren. Es hat mich dann extrem viel Zeit gekostet, diesen Zustand wieder zu beheben. Heute weiß ich, wie wichtig es ist, dass wir uns lieber noch ein bis zwei Wochen extra Zeit nehmen, um die Feature-Liste wirklich zu perfektionieren, weil es während der Entwicklung sehr schwierig ist, das wieder aufzufangen.

Das ist auch wichtig, weil die Entwicklung einer Feature-Liste auch daran scheitern kann, dass der Auftraggeber keine endgültigen Entscheidungen über den zu realisierenden Umfang treffen kann oder will. Es ist unsere Aufgabe, diese Entscheidung von dem Kunden zu erhalten, bevor die Entwicklung beginnt, denn sonst kann es sein, dass der Kunde völlig neue Richtungsentscheidungen vornimmt, während wir schon in der Realisierung sind. Der Kunde kann und wird während der Entwicklung neue Features fordern und bestehende Features möglicherweise ändern oder löschen. Aber wir müssen dafür Sorge tragen, dass wir zum Entwicklungsbeginn eine nach bestem Wissen und Gewissen vollständige Feature-Liste haben.

Im Gegensatz zu der oft landläufigen Meinung denke ich, dass nicht der Kunde schuld ist, wenn eine Spezifikation schlecht ist oder eine Entscheidung nicht getroffen wird. Von Software-Entwicklern hört man oft, dass »der Kunde sagen muss, was er haben möchte«. Wenn etwas fehlt oder nicht gut realisiert ist, dann wird oft gesagt, dass »der Kunde das nicht gefordert hat« oder dass »der Kunde das so haben wollte«.

Es ist die Kunst eines guten Software-Entwicklers, herauszufinden, was der Kunde braucht und dies vollständig zu spezifizieren. Er muss zudem herausfinden, was zwischen den Zeilen steht: Welche Features müssen anwesend sein, damit die Anwendung vollständig ist. Jede Anwendung hat ein bestimmtes Set an Features, die vielleicht nicht sofort explizit vom Kunden aufgeführt werden, die aber trotzdem essentiell notwendig sind, damit die Anwendung in ihrem Kontext eingesetzt werden kann. Dafür muss man kein Hellseher sein, sondern gute Fragen stellen, zuhören und sich in die Arbeit des Kunden hineinversetzen können. Bei der Spezifikation der Feature-Liste sollte man immer die Perspektive haben, was man selbst tun würde, wenn man mit dieser Anwendung jeden Tag arbeiten müsste. Wer das nicht kann, der sollte definitiv keine Feature-Liste schreiben.

9.3.1 Vollständigkeit

Eine gute Feature-Liste muss zunächst einmal vollständig sein. Sie muss alles enthalten, was sich der Kunde wünscht. Dies aus dem Kunden herauszukitzeln ist oft nicht ganz einfach. Dies ist kein Buch, dass erklären soll, wie eine Analyse durchgeführt wird, aber für ein kleines Beispiel ist immer Platz: Normalerweise macht man z. B. für eine Business-Anwendung eine Prozessanalyse und schaut sich an, wie die Menschen im Prozess ihre täglichen Aufgaben lösen. Dabei versucht man, die einzelnen Aufgaben und Tätigkeiten genau zu zerlegen und bis ins Detail zu verstehen. Aus der Menge der Aufgaben werden nun diese ausgewählt, die automatisch oder teilautomatisch durch Software besser, schneller, schöner ausgeführt werden können. Aus diesen Aufgaben werden die Features abgeleitet. Dabei kann eine Aufgabe, die durch Software unterstützt werden soll, ein einzelnes Feature werden. Es kann aber auch sein, dass eine Aufgabe durch mehrere Features repräsentiert wird. Wenn alle durch Software zu unterstützenden Aufgaben als Features beschrieben sind, dann ist die Feature-Liste vollständig.

9.3.2 Ausführlichkeit

Jedes einzelne Feature muss ausführlich sein. Es muss so sorgfältig beschrieben werden, dass jemand, der sich in der Problemdomäne auskennt, keine weiteren Erklärungen benötigt, um das Feature inhaltlich vollständig verstehen zu können. (Für die Realisierung sind meist jedoch noch weitere Informationen wie Datenmodelle, Architekturdiagramme, ein Entwurf der grafischen Oberfläche, eine Hardware-Spezifikation etc. notwendig.) Dabei soll das Feature ausführlich beschreiben, WAS zu realisieren ist, nicht jedoch WIE es zu realisieren ist. Ein sehr einfaches Beispiel für ein Feature wäre eine Rechtschreibprüfung, die einen Textbereich auf Rechtschreibfehler untersucht. Das Feature könnte so aussehen:

> Die Rechtschreibprüfung prüft den aktuell in Arbeit befindlichen Text auf Rechtschreibfehler. Dabei wird jedes Wort im Text mit einem Wort aus einem Wörterbuch verglichen. Falls das Wort nicht im Wörterbuch gefunden wird, wird dieses hervorgehoben dargestellt, die Prüfung wird angehalten und dem Benutzer wird die Möglichkeit gegeben, das Wort entweder zu korrigieren oder die Prüfung weiter fortzusetzen. Ist ein Wort aus dem Text im Wörterbuch enthalten, dann wird davon ausgegangen, dass das Wort korrekt geschrieben ist. In dem Fall springt die Rechtschreibprüfung automatisch zum nächsten folgenden Wort. Bei der Prüfung wird die Groß-/Kleinschreibung der Wörter nicht berücksichtigt.

Für eine einfache Rechtschreibprüfung würde das erst einmal ausreichen. Wenn man den Text liest, dann kann man sich im Kopf recht gut ein Bild davon machen, was aus der Sicht der Programmierung zu tun ist. Der Kunde kann sich zudem gut vorstellen, welchen Umfang das Feature haben wird. Trotzdem ist an keiner Stelle beschrieben, wie der Dialog aussehen wird, welche Buttons es gibt und wie der Benutzer ein Wort im Detail korrigieren kann. Wenn man jetzt einen Entwurf der Benutzungsoberfläche hinzufügt, dann wird das Bild noch klarer. Zugleich muss aber das Feature auch nicht angepasst werden, wenn die Interaktion an der Oberfläche verändert wird, denn wir beschreiben keine Details der Oberfläche. Gleichzeitig geben wir im Feature auch keine Auskunft darüber, wie wir z. B. Wörter in der Wörterbuchdatei suchen werden. Wir sagen nicht, welchen Algorithmus wir nutzen werden und in welchem Format das Wörterbuch vorliegt, ob das Wörterbuch komplett im Speicher liegen wird oder ob wir immer direkt auf der Datei suchen. All das sind nämlich Implementierungsdetails, die den Kunden nicht interessieren: Ihn interessiert nur WAS er bekommt und nicht WIE es programmiert wird.

9.3.3 Einfachheit

Eine gute Feature-Liste ist einfach. Um das zu erreichen, sollten die Begrifflichkeiten verwendet werden, die auch der Kunde für die beschriebenen Dinge und Themen verwendet, denn in erster Linie muss der Kunde die Feature-Liste verstehen. Man sollte eine einfache, deutliche Sprache mit wenig Schmuckwörtern wählen. Leider ist das Schreiben von guten, einfachen Texten schwierig.

Ich empfehle auch, keine Vorgänger- und Nachfolger-Beziehungen (also Referenzen) zwischen Features in der Feature-Liste zu pflegen. Je größer das Projekt wird, desto schwieriger ist es, diese Referenzen auf dem aktuellen Stand zu halten. Denn diese Beziehungen ändern sich ständig während der Entwicklung. Die Reihenfolgeplanung sollte nur durch die systematische Zuordnung von Features zu Releases erfolgen. Innerhalb eines Releases sind dann menschliches Planungsvermögen und Kommunikation gefragt, um die Features eines Releases in der richtigen Reihenfolge umsetzen zu können. Das Pflegen von Referenzen nimmt uns diese Aufgabe nicht ab, sondern würde lediglich einer formalen Dokumentation dienen, die leider nie aktuell und daher unbrauchbar ist.

9.3.4 Ausbalanciertheit

Features sollten sich nicht überschneiden. Jedes Feature muss inhaltlich unabhängig von jedem anderen Feature sein. Um das an unserem Beispiel zu verdeutlichen: Es sollte in keinem anderen Feature noch einmal eine Spezifikation der Rechtschreibprüfung erfolgen. Wenn eine Feature-Liste nur aus Features besteht, die sich gegenseitig nicht überschneiden, dann sagen wir, die Feature-Liste ist ausbalanciert.

9.3.5 Optimale Zerlegung

Ein weiteres wichtiges Kriterium ist, dass jedes Feature immer einen kompletten Durchstich durch die Anwendungsebenen darstellt und Features nie auf Ebenen (Software-Layern) spezifiziert werden. Ein Feature, das z. B. nur den (für den Kunden unsichtbaren) Zugriff auf das Wörterbuch beschreibt, kann vom Kunden nicht als fertig oder nicht-fertig beurteilt werden und ist daher nicht richtig. Im Beispiel hat unser Feature sowohl eine direkte Verbindung zur Benutzeroberfläche als auch zur untersten Ebene der Datenspeicherung. Dieses Vorgehen führt dazu, dass wir bei jedem einzelnen Feature immer durch unsere gesamte Anwendungsarchitektur »hindurchstechen« müssen und wir daher ab dem ersten Release ziemlich sicher wissen, ob die angewendete Architektur praktisch funktionieren wird. Features sollten daher immer etwas sein, was der Kunde auch sehen und beurteilen kann. Natürlich gibt es für jede Regel auch immer eine Ausnahme, in diesem Fall sogar zwei:

Wenn mehrere Ebenen implementiert werden müssen, bei der jede Ebene eine eigene Komplexität besitzt — für die möglicherweise ein Spezialist erforderlich ist — dann muss für jede dieser Ebenen ein eigenes Feature spezifiziert werden. Ein Beispiel für einen solchen Fall ist eine Robotersteuerung mit einer Bedienanwendung: Möglicherweise muss die Ansteuerung der Servo-Motoren von einem Programmierer erledigt werden, während die Bedienung des Roboters von einem anderen Programmierer implementiert wird. Das vom Kunden gewünschte Feature »Vorwärts fahren« müsste daher in zwei Features zerlegt werden. Eins für die Umsetzung der Bedienoberfläche und Nutzung der Schnittstelle für die Servo-Ansteuerung und ein Feature für die Umsetzung der Servo-Ansteuerung. Wichtig ist, dass es aber nur Sinn macht, diese beiden Features zeitgleich zu entwickeln und auszuliefern, da der Kunde sonst das von ihm gewünschte Feature nicht beurteilen kann.

Die zweite Ausnahme bezieht sich auf Features, die einfach so umfangreich sind, dass sie nur realisiert werden können, wenn mehrere Entwickler gleichzeitig auf verschiedenen Ebenen der Anwendung implementieren. Wieder ist es wichtig, dass über Ebenen zerlegte

Features nur komplett ausgeliefert werden und das Team gemeinsam an einem Durchstich für das zusammengesetzte Feature arbeitet. Kehren wir zurück zu unserem kleinen Rechtschreibprüfung-Feature und überlegen uns den nächst komplizierteren Fall:

> Ein Wort, das nicht im Wörterbuch gefunden wurde, das aber nicht vom Benutzer korrigiert wurde, soll nach Rückfrage an den Benutzer dem Wörterbuch hinzugefügt werden, sodass es bei der nächsten Rechtschreibprüfung nicht mehr zur Korrektur vorgeschlagen wird. In dem Fall gehen wir davon aus, dass das Wort korrekt geschrieben, jedoch nur nicht im Wörterbuch enthalten war.

Ist beides zusammen jetzt ein einzelnes Feature oder sind das zwei separate Features? Sie haben die Antwort erwartet: Es kommt drauf an. Man sollte ein Feature immer so definieren, dass man genau eine Anforderung vollständig realisiert. Denn wenn man implizit mehrere Anforderungen in einem Feature spezifiziert, dann dauert es möglicherweise eine längere Zeit, bis man alle Teil-Features realisiert hat (und der Kunde diese auch getestet hat) und man das gesamte Feature als abgeschlossen vermerken kann. Im schlimmsten Fall arbeitet man dann mehrere Releases an einem einzelnen Feature.

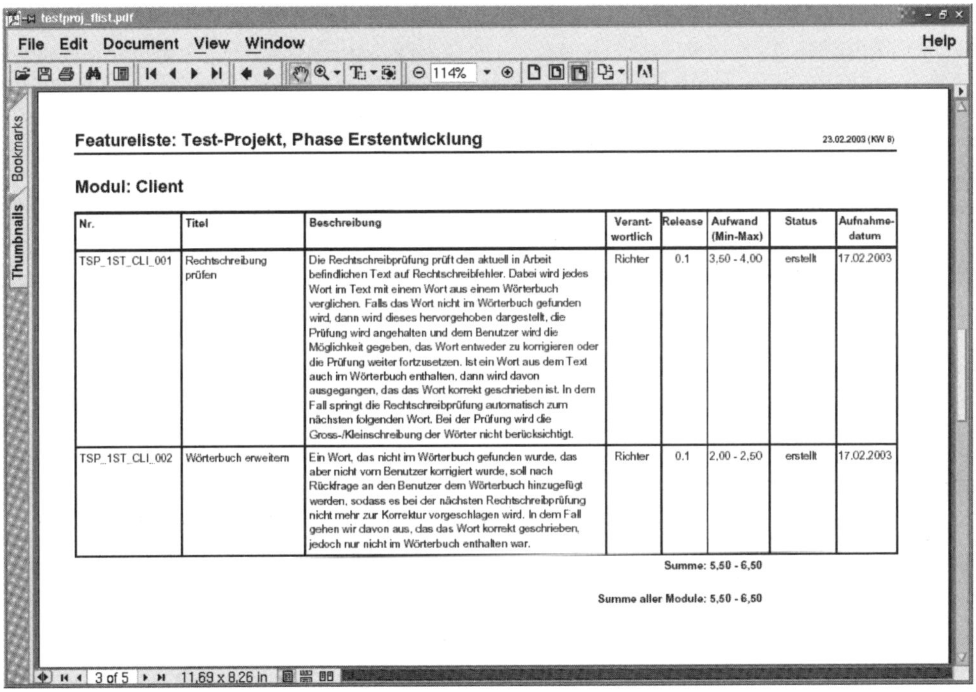

Featureliste: Test-Projekt, Phase Erstentwicklung 23.02.2003 (KW 8)

Modul: Client

Nr.	Titel	Beschreibung	Verant-wortlich	Release	Aufwand (Min-Max)	Status	Aufnahme-datum
TSP_1ST_CLI_001	Rechtschreibung prüfen	Die Rechtschreibprüfung prüft den aktuell in Arbeit befindlichen Text auf Rechtschreibfehler. Dabei wird jedes Wort im Text mit einem Wort aus einem Wörterbuch verglichen. Falls das Wort nicht im Wörterbuch gefunden wird, dann wird dieses hervorgehoben dargestellt, die Prüfung wird angehalten und dem Benutzer wird die Möglichkeit gegeben, das Wort entweder zu korrigieren oder die Prüfung weiter fortzusetzen. Ist ein Wort aus dem Text auch im Wörterbuch enthalten, dann wird davon ausgegangen, das das Wort korrekt geschrieben ist. In dem Fall springt die Rechtschreibprüfung automatisch zum nächsten folgenden Wort. Bei der Prüfung wird die Gross-/Kleinschreibung der Wörter nicht berücksichtigt.	Richter	0.1	3,50 - 4,00	erstellt	17.02.2003
TSP_1ST_CLI_002	Wörterbuch erweitern	Ein Wort, das nicht im Wörterbuch gefunden wurde, das aber nicht vom Benutzer korrigiert wurde, soll nach Rückfrage an den Benutzer dem Wörterbuch hinzugefügt werden, sodass es bei der nächsten Rechtschreibprüfung nicht mehr zur Korrektur vorgeschlagen wird. In dem Fall gehen wir davon aus, das das Wort korrekt geschrieben, jedoch nur nicht im Wörterbuch enthalten war.	Richter	0.1	2,00 - 2,50	erstellt	17.02.2003

Summe: 5,50 - 6,50

Summe aller Module: 5,50 - 6,50

Abbildung 9.3: Feature-Liste: So würden die beiden Features aus dem Beispiel jetzt in der Feature-Liste aussehen. (Beispiel wurde mit Captain Feature *generiert.)*

Eine höhere Granularität verbessert die Planung und die Fortschrittsprüfung: Und man hat auch als Programmierer ein besseres Gefühl bei der Arbeit, wenn man ein Feature nach dem anderen auch wirklich abhaken kann. Das ist auch einer der Gründe, warum ein Feature nicht mehr als 5 Tage Aufwand kosten soll. Es soll innerhalb von einem

Release von einer Person umgesetzt werden können, wenn möglich auch innerhalb einer Arbeitswoche, damit nach dem Wochenende keine erneute Einarbeitung erforderlich ist. Beim Feature-based Programming gibt es keine Feature-Schätzung, die unter 0,25 Tagen liegt, weil dann die Aufgabengranularität zu klein wird. Der Großteil der Features sollte bei 2–3 Tage Aufwand liegen.

Auch hier gibt es eine Ausnahme: Trivial-Features, die zwar in der Feature-Liste für den Kunden wichtig sind und von der Beschreibung her auch umfangreich klingen, aber möglicherweise innerhalb von wenigen Minuten bzw. innerhalb von 1–2 Stunden erledigt sind, können nach Bedarf auch schon einmal zu einem Feature zusammengefasst werden. Ein Beispiel aus der Praxis: Für einen unserer Kunden hatten wir eine komplexe Java-basierte Datenbank-Anwendung gebaut. Alle SQL-Statements waren in einer zentralen Konfigurationsdatei abgelegt, was die Wartung erheblich vereinfacht hat. Die Anwendung lief sehr erfolgreich und stabil unter mySQL, der Kunde wollte aber aus politischen Gründen auf Oracle umsteigen. Dazu musste jedes einzelne SQL-Statement auf die Oracle-Syntax migriert und getestet werden.

Manche Statements konnten 1:1 übernommen werden, sie mussten aber trotzdem getestet werden, da sich mySQL und Oracle selbst bei exakt gleicher Syntax zum Teil leicht unterschiedlich verhalten. In der ersten Schätzung hatten wir einfach für jedes zu migrierende SQL-Statement ein Feature eingeplant. Wir hatten jedes Feature mit 0,25 Tagen Aufwand versehen und nur die wirklich komplexen Statements ein wenig großzügiger ausgelegt. In der Summe kam dann aber eine gigantische Zahl dabei heraus, weil wir sehr viele Statements zu migrieren hatten. Wir haben dann in einem zweiten Verfeinerungsschritt alle ganz einfachen Statements in Blöcken zu gemeinsamen Features zusammengelegt und dort eine reduzierte Schätzung vorgenommen, da viele Statements innerhalb weniger Minuten migriert und geprüft werden konnten. Daraus leiten wir ein weiteres wichtiges Kriterium ab: Eine Feature-Liste soll optimal zerlegt sein. Wann das Optimum erreicht ist, lässt sich nicht formal bestimmen: Die optimale Zerlegung ist neben vielen anderen Kriterien z. B. auch von der Qualifikation des Programmierer-Teams abhängig.

9.3.6 Akzeptanz

Die Feature-Liste muss vom Kunden akzeptiert werden. Sie soll das einzige und zentrale Dokument sein, in dem der auszuliefernde Feature-Umfang beschrieben wird. Wir können uns gegenseitig E-Mails schreiben, telefonieren und Faxe schicken. Aber am Ende wird nur das realisiert und ausgeliefert, was in der Feature-Liste steht. Der Kunde muss alle Features gelesen und verstanden haben. Nicht aus vertragsrechtlichen Gründen (obwohl das für die Vertragssituation und das allgemeine Vertrauen sicherlich hilfreich ist), sondern damit wir sicher sein können, dass die Feature-Liste alles enthält, was der Kunde haben möchte. Denn auf der Feature-Liste basiert auch unsere Release-Planung.

Wenn die Feature-Liste alle bis hier aufgeführten Kriterien erfüllt, dann ist sie auch realitätsbezogen. Das bedeutet, dass wirklich alle Features, an denen man arbeitet, auch wirklich in der Feature-Liste aufgeführt sind. Trotzdem sollte man während der Implementierung immer wieder den folgenden »Lakmus-Test« machen: Sobald man merkt, dass man an etwas arbeitet, was nicht in der Feature-Liste spezifiziert ist, das aber sehr wohl vom Kunden gewünscht ist, ist dafür ein Feature anzulegen und einzuplanen. Dies gilt nicht für Trivial-Aufgaben, bei denen das Anlegen eines neuen Features länger dauern würde, als die Aufgabe einfach zu erledigen. Besonders beim Finalisieren einer Software ist dies oft der Fall: Zum Ende eines Projektes müssen alle Details stimmig sein, die auch trotz der besten Vorbereitung nicht vorausgesehen werden konnten. Die Kunst ist jedoch, die Menge an Kleinigkeiten durch eine gute, detaillierte Feature-Liste möglichst gering zu halten, da wir sonst wieder beim 98 %-Syndrom landen.

9.3.7 Aktualität

Und dann ist eine gute Feature-Liste immer aktuell. Alle neuen Ideen, die während des Projektes entstehen, müssen laufend in die Feature-Liste eingearbeitet werden. Es kann sein, dass Features gestrichen werden, dass neue hinzukommen oder bestehende abgeändert werden. In diesen Fällen wird eine neue Version der Feature-Liste erstellt und an alle Projektbeteiligten verteilt.

9.3.8 Bekannte und unbekannte Probleme

Es gibt im Prinzip drei verschiedene Fälle, auf die man bei der Entwicklung einer Feature-Liste trifft:

- Feature-Listen für bekannte Problemklassen,
- Feature-Listen für unbekannte Problemklassen,
- Feature-Listen für »unsichtbare« Anwendungen.

Der einfachste Fall für die Entwicklung einer Feature-Liste ist, wenn man mit der Problemklasse an sich und der generellen Anwendungsarchitektur vertraut ist und man sich lediglich in eine neue Variante einarbeiten muss. Wenn man beispielsweise ein eCommerce-System für die Reisebranche gebaut hat, dann ist es nicht mehr sehr schwer ein eCommerce-System für den Verkauf von Büchern über das Internet zu bauen. Die Architektur für beide Systeme ist in den meisten Punkten gleich: Seitenlauf und prinzipielle Funktionsweise sind gleich. Unterschiede entstehen nur durch das jeweils angebotene Produkt. Natürlich gibt es auch eine Reihe technischer Details, die anders sind, aber trotzdem: Wenn man ein eCommerce-System erfolgreich umgesetzt hat, weiß man, um was es geht.

Dann ist es auch einfach, eine Feature-Liste für dieses Problem zu schreiben. In der Analyse muss jedoch die Variante untersucht und die Unterschiede festgestellt werden, die wiederum in der Feature-Liste reflektiert werden müssen. Zudem ist eine zielgenauere Aufwandsschätzung möglich: Bei der Erstellung der neuen Feature-Liste können wir uns die geplanten und realisierten Aufwände des vorherigen Projektes ansehen. Dies kann mit dem bereits umgesetzten Release-Plan in Relation gesetzt werden. So entsteht schnell eine Wissensbasis von Features und Realisierungsaufwänden, die sehr hilfreich für die Abschätzung neuer Projekte ist. Diese Wissensbasis ist auch für die Einarbeitung neuer Enwickler sehr hilfreich, denen ja das systematische Know-how zur Abschätzung von Projekten fehlt. Diese können sich dann anschauen, wie Features formuliert und welche Aufwände für welches Problem geschätzt werden.

Was macht man, wenn man auf eine völlig neue Problemklasse trifft? Nun, der Kunde wünscht ja meist, dass man sich in der Problemklasse hervorragend auskennt. Aber es ist gerade in unserer Branche oft der Fall, dass man für etwas völlig Neues eine Software entwickeln muss. Zudem ist unserer Arbeit inhärent, dass wir uns ständig in neue Problemfelder einarbeiten müssen. Das macht das Programmieren ja auch so interessant. Jeder hat Beispiele aus seinen eigenen Erfahrungen, wo ein Entwicklerteam den Branchenspezialisten komplett »outperformed« und »outsmarted« hat, weil dieser vor lauter Erfahrung in seinem Gebiet gar keine neuen Ideen oder Möglichkeiten gesehen hat. Vielleicht war er auch nicht mehr »hungrig« genug, weil er immer wieder die gleichen Lösungen gebaut hat und damit einen festen, garantierten Umsatz realisieren konnte. Wie auch immer: Im realen Leben trifft man als Software-Entwickler dauernd auf neue Problemklassen.

Ich denke, das Wichtigste ist, das Problem aus der Sicht des Kunden zu sehen. (Das gilt natürlich auch für die Spezifikation von Features für bekannte Problemklassen.) Was muss man wissen, um die Arbeit, die der Kunde erledigt, selbst erledigen zu können? Wir dürfen nicht vergessen, dass eine Feature-Liste in erster Linie beschreibt, WAS ein Kunde am Ende des Projektes erhalten wird. Wir müssen uns an dieser Stelle noch nicht so viel Gedanken über die technische Realisierung machen. Natürlich wird jeder Programmierer sofort anfangen zu recherchieren, welche Technologien und Algorithmen in dieser Problemklasse gängig sind. So entsteht neben der Beschäftigung mit der Problemklasse auch Know-how über die State-of-the-Art-Technologien in diesem Bereich. Diese werden dann mit den eigenen Erfahrungen aus anderen Problemklassen kombiniert.

Generell haben meine Erfahrungen gezeigt, dass man eine gute Feature-Liste schreiben kann, wenn man (grob) in der Lage ist, die Arbeit des Kunden oder der zukünftigen Anwender selbst zu erledigen.

Was macht man aber, wenn man eine Server-Anwendung oder eine Robotersteuerung entwickeln soll, die keine eigene Bedienoberfläche hat und somit für den Endkunden/Anwender unsichtbar ist? Die praktische Erfahrung zeigt auch hier: Es geht.

Dazu werden alle Schnittstellen, die von außen genutzt werden, als Features spezifiziert. Diese werden dann von demjenigen getestet und abgenommen, der diese Schnittstellen integriert und benutzt. Wieder sind die Features als komplette Durchstiche durch die Anwendung beschrieben: Von der Schnittstelle bis auf den Boden der Anwendung und zurück.

9.4 Wie erstellt man einen Release-Plan?

Beim Feature-based Programming gibt es vier Kernbegriffe in der Release-Planung:

- Projekt
- Phase
- Release
- Feature

Ein Projekt kann aus mehreren Phasen bestehen, jede Phase besteht aus mehreren Releases. Jedes Release enthält mehrere Features. Ein Projekt ist definiert als eine Auftragsarbeit, die man für einen Kunden erledigen soll (Individualentwicklung). Bei der Produktentwicklung gibt es den Sonderfall, dass man selbst der Kunde ist. Ein Projekt kann in mehreren Phasen ablaufen. Die erste Phase eines Projektes könnte beispielsweise die Neuentwicklung einer Anwendung sein. Erst wenn diese Phase abgeschlossen und ausgeliefert ist, wird möglicherweise ein Folgeprojekt aufgesetzt, in dem die neue Anwendung weiterentwickelt wird. Jede Weiterentwicklung ist also eine neue Phase in diesem Projekt.

In der Praxis nummeriert man die Phasen oft durch. Beispiel: Die erste Phase der Neuentwicklung einer Software in einem fiktiven Projekt mit dem Namen »MyProject« könnte z. B. »MyProject 1.0« heißen. Jede weitere Phase, bei der nur weitere Features hinzugefügt, aber keine großen substantiellen Veränderungen an der Software vorgenommen werden, heißt dann »MyProject 1.1«, »MyProject 1.2« etc. Wird jedoch eine neue Software-Generation erstellt, dann erhöht man in diesem Fall die Nummer vor dem Punkt: »MyProject 2.0« etc.

In jeder Phase gibt es mehrere Releases. Es ist praktisch, wenn man Releases innerhalb einer Phase immer von der Release-Nummer 0.1 an hochzählt, egal in welcher Phase des Projektes man sich befindet. Das dient der Einfachheit und es gibt auch keinen offensichtlichen Grund, dies anders zu tun. Zudem kann sich jeder grob vorstellen, was es bedeutet, wenn man sagt, man hat beispielsweise gerade das Release 0.2 ausgeliefert. Selbst wenn man den Release-Plan nicht näher kennt, weiß man sofort, dass diese Projekt-Phase erst ganz am Anfang steht. Wenn man Releases über alle Phasen hinweg laufend durchnummeriert, dann kann man dies nicht mehr erkennen. Jedem Release werden wiederum eine bestimmte Anzahl an Features zugeordnet.

Im ersten Schritt der Release-Planung steckt man den Start und das Ende einer Projektphase ab. Das ist sehr einfach: Wir fragen den Kunden nach dem Termin, an dem die Software produktiv eingesetzt werden soll. Und wir stellen fest, was der früheste Termin ist, an dem wir das Projekt beginnen können. Dies ist der Rahmen für den Release-Plan.

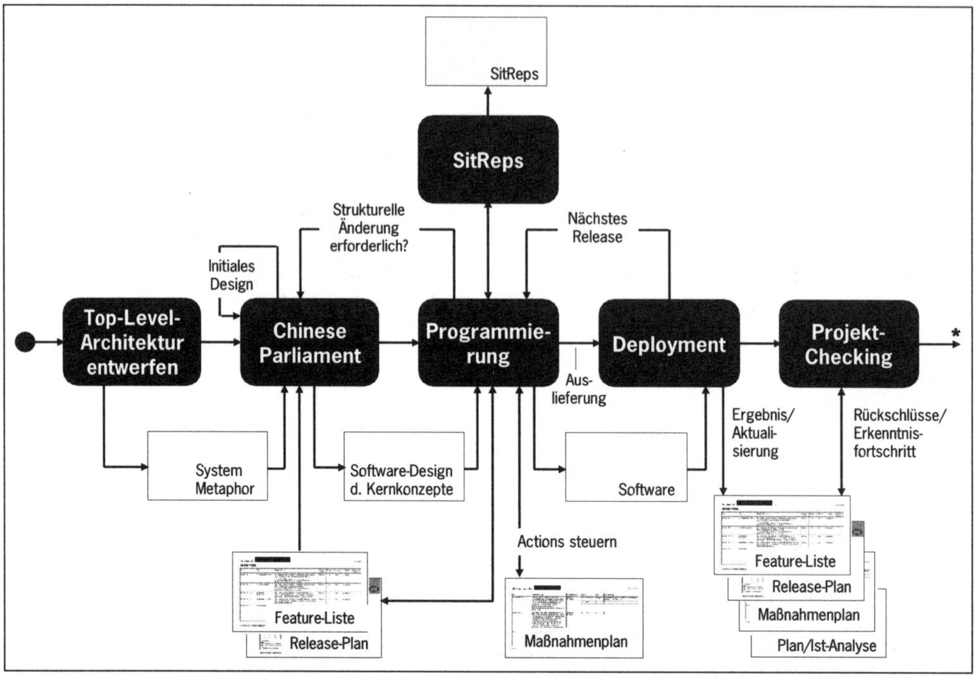

Abbildung 9.4: Der erste Teil der Umsetzungsphase: Chinese Parliament, Programmierung, Deployment und Projekt-Checking.

9.4.1 Abstecken des Projektrahmens

Die Zeit zwischen Beginn und Ende wird in Releases aufgeteilt. Während der Entwicklung erhält der Kunde am Ende eines Releases eine produktionsfähige Version der Software mit dem vereinbarten Feature-Umfang. Das letzte Release ist dann die Version der Software, die produktiv eingesetzt werden wird. Jedes Release sollte zwischen zwei und drei Wochen lang sein. Ideal ist es, wenn alle Releases gleich lang sind, also z. B. immer zwei Wochen. So bekommt das Projekt einen eigenen Rythmus und auch der Kunde kann sich darauf einstellen, dass er alle zwei Wochen ein Release zum Testen erhält. Dazu braucht man dann noch nicht einmal einen Kalender, weil man das nächste Release über den Daumen leicht anpeilen kann. Auch als Entwickler braucht man nicht ständig überlegen und nachschauen, wann denn das nächste Release fällig ist.

Die Release-Termine werden garantiert vom Team eingehalten. Es ist sehr wichtig, nie einen Release-Termin zu verschieben, da dann auch alle nachfolgenden Termine hinfällig sind. Außerdem deutet das komplette Verschieben eines Releases schon deutlich auf tiefer liegende Probleme in einem Projekt hin. Generell gilt: Wenn ein Release verschoben wird, dann sollte man sofort auf die höchste Alarmstufe schalten und analysieren, was die wirklichen Probleme sind und wie diese gelöst werden können. Zudem kann sich der Auftraggeber langfristig darauf einstellen, wann er Software zum Testen erhält, denn die meisten Kunden haben neben der Betreuung der Entwicklung einer neuen Anwendung auch noch andere Aufgaben im Unternehmen.

9.4.2 Mitwirkung des Kunden

In dem Release-Plan müssen Urlaubszeiten berücksichtigt werden. Generell ist es schlecht, wenn der Auftraggeber während der Entwicklungszeit in den Urlaub fährt. Dann kann er nämlich nicht testen. Es macht keinen Sinn, sich Release-Termine zu setzen, an denen das Release nicht ernsthaft an einen Kunden ausgeliefert wird, der auch einen kritischen Test mit einem strukturierten Feedback vornimmt. Während der Kunde im Urlaub ist, sollten keine Releases erfolgen. Die Releases haben dann nicht mehr die notwendige Konsequenz und es passiert ein spürbarer Qualitätseinbruch. Ich habe das in verschiedenen Projekten schon praktisch beobachten können. Die garantierte Auslieferung mit Test-Feedback ist einer der wesentlichen Erfolgsfaktoren für Feature-based Programming. Wenn der Kunde nur mal ein paar Tage unterwegs ist, so ist das für das Projekt sicherlich kein Problem. Wenn dieser aber seinen Jahresurlaub nimmt, dann sollte man den Entwicklungsstart auf seine Rückkehr verlegen.

9.4.3 Wie lange dauert ein Release?

Die Dauer eines Releases bestimmt gleichzeitig, wie schnell ein Projekt ist. Wenn man sehr knappe Termine einhalten muss, in denen es wenig Spielraum gibt, dann sollte man 2-Wochen-Releases planen. In schwierigen Projekten müssen dann zudem die letzten Releases in einem einwöchigen Rythmus erfolgen, um die Software schnell und in kurzen Zyklen fertig und stabil zu bekommen. Mit 2-Wochen-Releases fährt das Team schon ein sehr hohes Tempo. Besonders hart sind einwöchige Releases. Selbst wenn das Team mehrfach täglich die Software integriert, ist die Qualität noch meilenweit entfernt von der, die ein Release, das an einen Kunden ausgeliefert wird, haben muss. Einwöchige Releases hält ein Team nicht über einen längeren Zeitraum durch. Zudem kann man ein Projekt nicht mit einwöchigen Releases starten, da am Anfang eines Projektes innerhalb einer Woche nur schwer eine kritische Masse an Features realisiert werden kann.

Gleichzeitig sollten die ersten Releases auch nicht »zu üppig« ausgelegt werden, da sonst die Gefahr besteht, dass sich das Team ausgerechnet zum Entwicklungsbeginn verzettelt, weil ja genug Zeit da ist. Eine Phase sollte daher immer ein wenig »sportlich« starten. Bei länger laufenden Projekten mit vielen Features sollte man auf Basis von 3-Wochen-Releases planen. 4-Wochen-Releases halte ich für zu lang und in den meisten Fällen für nicht empfehlenswert.

Beispiel: In einem Projekt muss innerhalb von drei Monaten eine komplexe Software erstellt werden. Drei Monate sind etwa 12 Wochen. Um Tempo zu machen, würde ich 2-Wochen-Releases vorschlagen. Die letzten zwei Releases sollten im Wochenrythmus erfolgen. Das ergibt insgesamt sieben Releases. Die Release-Verteilung sieht dann so aus: 2-2-2-2-2-1-1.

Die Entwicklungszeit wird möglichst symmetrisch in Releases aufgeteilt. Jedem Release werden so viele Features zugeordnet, wie das Team rechnerisch anhand der Aufwandsschätzung zu den einzelnen Features schaffen kann. Eine Faustregel ist, dass man immer $\pm$ 15 % der verfügbaren Arbeitstage innerhalb eines Release-Zeitraumes einplant. Beispiel: Einem Entwickler stehen ohne Urlaub und Feiertage 10 Arbeitstage innerhalb eines

2-Wochen-Releases zur Verfügung. Dann sollten Features mit einem Aufwand von min 8,5 bis max 11,5 Tagen eingeplant werden. Würde der Fall eintreten, dass alle Features das Maximum des geschätzten Aufwandes oder gar mehr benötigen, könnte der Programmierer auch die Entscheidung treffen, ein Feature auf das nächste Release zu schieben. Wenn der Fall eintritt, dass der Programmierer alle Features zum Minimum-Aufwand realisiert hat und noch Zeit übrig ist, könnte er sich noch ein Feature aus dem nächsten Release heraussuchen und dieses zusätzlich implementieren.

Wenn in einem Release z. B. mehr als ein Drittel der Features das Maximum überschreiten, sollte nach dem Release eine Ursachenforschung erfolgen, warum das so ist. Möglicherweise ist das Projekt zu optimistisch geplant oder das Team ist überfordert. Oder die Features sind nicht detailliert genug durchdacht und der Programmierer muss für die Implementierung noch überproportional viel Analysearbeit leisten.

Die Alarmgrenze der Anzahl der überschrittenen Features ist nicht fix: Die Entscheidung wie viele Features ihren Plan überschreiten dürfen, ohne einen Alarm auszulösen, ist fließend. Wenn z. B. alle anderen Features unter der Minimum-Schätzung liegen, dann können einige Features auch das Maximum überschreiten, ohne das Gesamtbudget des Projektes zu überschreiten. Es geht also immer darum, abzuwägen, ob die Feature-Überschreitungen ein Problem für den Endtermin darstellen könnten (siehe Abbildung 9.5).

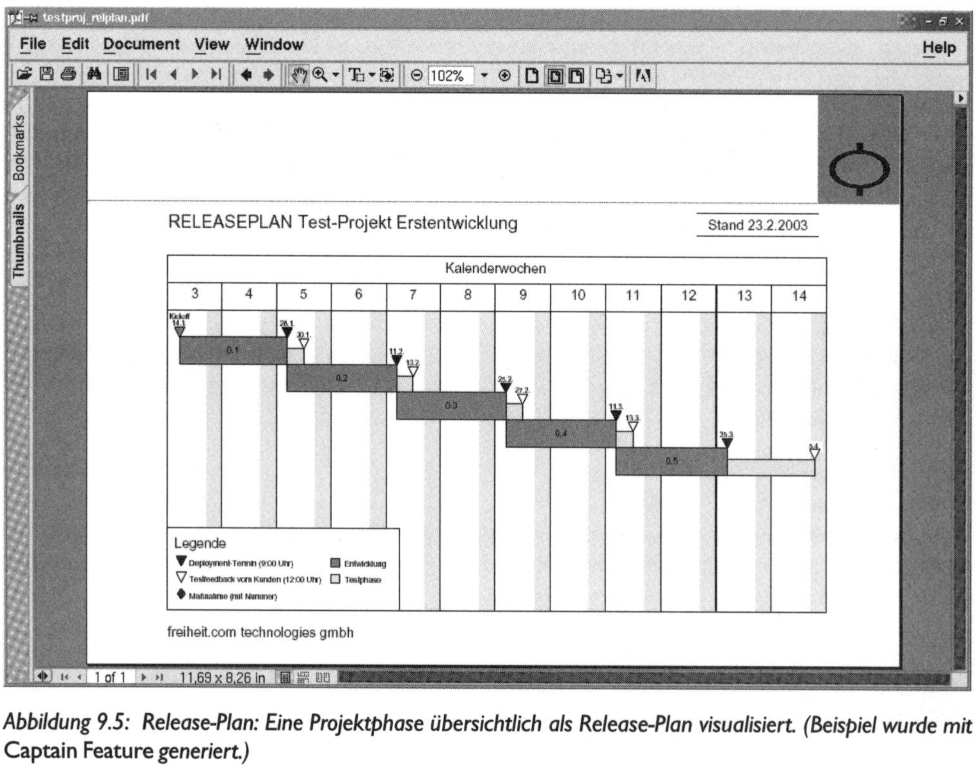

Abbildung 9.5: Release-Plan: Eine Projektphase übersichtlich als Release-Plan visualisiert. (Beispiel wurde mit Captain Feature generiert.)

9.4.4 Und wie plant man große Projekte?

Die Definition, was ein großes Projekt ist, ist schwierig. Man kann es aus Sicht der Laufzeit, der Teamgröße oder auch aus Sicht der geplanten Manntage beurteilen. Manchmal wird die Größe sogar in Lines-of-Code angegeben, was aus meiner Sicht ziemlicher Unsinn ist. Das ist u. a. eine Frage der Effizienz eines Teams: Ich kenne ein Projekt, in dem drei Entwickler gearbeitet haben, für das der Wettbewerber im gleichen Marktsegment ein Team von 40 Entwicklern zur Verfügung hatte. Die Software des kleinen Teams war trotzdem (oder vielleicht auch gerade deshalb) ausgereifter, umfangreicher und erfolgreicher. Und wahrscheinlich hat sie auch noch weniger Zeilen Code...[1]

Unabhängig von der Effizienz des Teams: Mit FBP lassen sich Entwicklerteams — bestehend aus einem Programm-Manager, drei Modul-Managern und pro Modul-Manager je drei bis fünf Programmierern — sehr leicht führen. Das sind immerhin bis zu 19 Entwickler! Innerhalb von 12 Monaten könnte dieses Team, wenn man von 220 Arbeitstagen pro Jahr ausgeht, 4.180 Manntage realisieren. Das ist schon eine ganze Menge.

Alles was darüber hinausgeht, sollte in mehrere getrennte Teams zerlegt werden, die zeitgleich in verschiedenen Phasen parallel zueinander an verschiedenen Aspekten/Komponenten des Systems arbeiten. Die Teams legen dazu übergreifend die Schnittstellen zwischen diesen Komponenten fest.

Die Prinzipien bleiben jedoch die gleichen: Kurze Release-Zyklen von 1–3 Wochen (bei größeren Projekten wird man aber wohl um 4- bis 5-Wochen-Releases nicht herumkommen) und möglichst schnell die erste Version der Software ausliefern, die produktiv eingesetzt werden kann. Dies sollte in dem oben beschriebenen Rechenbeispiel nach spätestens drei Monaten erfolgen: Zu diesem Zeitpunkt ist bereits ein Viertel des Entwicklungs-Budgets verbraucht (also etwa 1.045 Tage!) und das Team benötigt nun dringend ein tiefer gehendes Feedback aus der Realität, das nur durch den produktiven Einsatz einer Software entstehen kann! Allerdings gibt es natürlich Fälle, in denen eine Software erst produktiv eingesetzt werden kann, wenn sie vollständig fertig ist. In diesem Fall sollte ein Pilottest mit einer Kunden-Fokusgruppe organisiert werden, die die Anwendung aus Sicht der Endanwender unter möglichst realistischen Bedingungen testet. Dazu sollte im Vorwege eine Menge von Geschäftsvorfällen ausgewählt werden, die die Fokusgruppe mit Hilfe der Pilotinstallation abwickeln muss. Dieses Test-Beispiel sollte schon so umfangreich ausgelegt sein, dass die Fokusgruppe mehrere Tage für die Umsetzung benötigt.

---

1 Wenn man in die Geschichte zurückschaut, kann man viele Beispiele finden, in denen größere Gruppen von kleineren Gruppen deutlich dominiert wurden. Bei der Schlacht von Cannae im Jahre 216 vor Christus standen nicht weniger als 17 römische Legionen in einer Gesamtstärke von über 300.000 Mann den Truppen des Hannibal gegenüber, dessen Streitmacht etwa 50.000 Mann ausmachte. Hannibal schlug durch Intelligenz und Taktik die erfahrenen und bestens organisierten Römer vernichtend.
Bei der Schlacht von Issus standen 600.000 Perser unter dem Perser-König Darius etwa 40.000 Griechen unter Alexander dem Großen gegenüber. Alexander gewann die Schlacht und der große Darius musste so schnell fliehen, dass er sogar seine Frau (die pikanterweise auch gleichzeitig seine Schwester war) mit seinem kleinen Sohn und seine Mutter zurücklassen musste.
Stärke ist also mitnichten eine Funktion der Größe. Siehe auch [10] und [11].

Durch eine geschickte Aufteilung größerer Projektvolumina in parallele Phasen, in denen getrennte Teams Teilkomponenten der Anwendung entwickeln, können meines Erachtens mit FBP auch Projekte mit weit mehr als 4.000 Manntagen realisiert werden.

9.4.5 Plan und Realität

Das Problem bei Plänen ist, dass sie meistens in der Realität zerplatzen wie Seifenblasen. Damit das mit dem Release-Plan nicht passiert, versuchen wir, möglichst nur die wesentlichen Eckpunkte zu planen, diese aber sehr strikt zu verfolgen, nämlich

- Release-Termine (Deployments),
- Test-Feedback vom Kunden,
- gemeinsame Projekt-Routinen mit dem Kunden.

Aus dieser Planung ergeben sich im FBP automatisch weitere Termine, nämlich die Projekt-Checkings, die immer automatisch am Tag nach einem Deployment-Termin stattfinden. Das einzige, worauf das Team nun gezielt hinarbeiten muss, ist die strikte Einhaltung der Release-Termine. Release-Termine sollen »heilig« sein. In der Praxis kann es dann schon mal vorkommen, dass ein oder mehrere Features nicht pünktlich fertig werden und dann in das nächste Release geschoben werden müssen. Es darf aber nie passieren, dass gar nichts Funktionsfähiges ausgeliefert werden kann. Das sollte aber kein Maßstab sein, sondern im Gegenteil, es sollte immer versucht werden, alle Features (oder vielleicht sogar mehr als geplant) auszuliefern. Denn: die Arbeit muss irgendwann doch getan werden. Und alles, was man verschiebt, verändert das Zeit-Budget der folgenden Releases. Das führt am Ende dann zu einer Verschiebung des Endtermins. Und das ist ja genau das, was wir mit FBP vermeiden wollen.

Nach dem Deployment eines Releases sorgt der Programm-Manager dafür, dass der Kunde möglichst schnell und spätestens bis zum geplanten Ende des Kunden-Test-Feedbacks das Deployment testet und Bugs und Anmerkungen an den Bugtracker meldet. Die Bugs und Anmerkungen, die bis zum Ende des Kunden-Test-Feedbacks gemeldet werden, werden direkt in das nächste Release eingearbeitet. Trotzdem kann und sollte der Kunde natürlich ständig die Software weitertesten und weiterhin Bugs und Anmerkungen liefern. Darauf kann der Kunde schon bei Projektstart vorbereitet werden, indem man darum bittet, die Zeit nach einem Deployment frei von Terminen zu halten. Da wir die Release-Termine garantieren, kann der Kunde über Wochen vorausplanen und seinen Terminplan entsprechend frei halten.

Wenn sich ein Kunde trotzdem nicht die Zeit für ein Test-Feedback nimmt, dann sollte dies sofort auf Management-Ebene eskaliert werden. Sonst droht das, was wir alle fürchten: Am Ende des Projektes schaut sich der Kunde im Detail die Software an und stellt fest, dass er das eigentlich alles ganz anders gemeint hatte. Er findet noch logische Fehler und hat plötzlich zudem ganz neue Anforderungen. Daran sieht man auch, dass die regelmäßigen garantierten Deployments der Releases weniger Aufwand bedeuten, als die ausgelieferte Software erst am Ende gegen die Erwartungen zu testen. Zudem ist das ein

Garant dafür, dass Auslieferungstermine und Budgets überschritten werden. Insgesamt gesehen schlafen alle Projektbeteiligten besser, wenn der Projektstatus regelmäßig und ernsthaft vom Kunden geprüft wird.

Leider hat das Entwicklungsteam meist nicht alle kritischen Arbeitsschritte in der Hand. Was macht man also mit den Dingen, die man nicht kontrollieren kann? Antwort: Der Programm-Manager führt einen Maßnahmenplan, in den alle »kriegsentscheidenden« Maßnahmen (also: Maßnahmen, To-dos) aufgenommen werden, die von anderen Projektbeteiligten oder auch vom eigenen Team pünktlich erbracht werden müssen, damit die Software auch pünktlich ausgeliefert werden kann.

9.5 Wie führt man einen Maßnahmenplan?

Zunächst muss der Programm-Manager feststellen, was die wichtigen Punkte sind, die zum einen keine Features darstellen und daher nicht in der Feature-Liste enthalten sind und zum anderen so wichtig sind, dass sie bis zu einem bestimmten Termin garantiert abgeschlossen sein müssen. Dabei handelt es sich meist um häufig wiederkehrende Themen, wie z. B. die Beschaffung und Installation bestimmter Hardware-Komponenten, die Freischaltung von Firewalls, das Importieren oder Exportieren von Datenbeständen, die Installation und Konfiguration von Betriebs- oder anderen Software-Systemen etc. Eine Technik, um einen ersten Maßnahmenplan zusammenstellen zu können, ist die weiter vorne beschriebene Actions-on-Planung.

9.5.1 Release-Plan und Maßnahmenplan synchronisieren

Die Termine der Maßnahmen sind abhängig vom Release-Plan und umgekehrt. Beispiel: Für eine Web-basierte Anwendung sollen von einer Agentur HTML-Layouts angeliefert werden. Damit diese für das nächste Release in die Anwendung eingebaut werden können, muss der Auslieferungstermin z. B. fünf Tage vor dem Deployment des Releases liegen. Dies wird gemeinsam mit dem Kunden und der Agentur (möglichst schon im Projekt-Kickoff) anhand des Release-Planes abgestimmt.

Für jeden Projektbeteiligten ist nun schon bei Ansicht des Projektplanes klar, dass diese Abhängigkeit besteht. Es wird klar, dass eine spätere Auslieferung die nachfolgenden Termine negativ beeinflussen wird. Allein durch diese Transparenz wird die Termintreue aller Projektbeteiligten nach meinen Erfahrungen erheblich verbessert. Oft ist nämlich einem Kunden oder einem anderen Dienstleister die Auswirkung bestimmter Details auf den Gesamtplan gar nicht klar. Leider gilt dies auch häufig für die Projektleitung des IT-Dienstleisters selbst: Der bekommt auf den letzten Moment noch Teile zugeliefert, die noch dringend für ein Release mit integriert werden müssen und wundert sich dann, warum er die Termine nicht einhalten kann.

Das ist eines der großen Probleme in Projekten: Es gibt meist keine übersichtliche Planung aller kritischen Elemente eines Projektes. Und meine Erfahrung ist, dass selbst in größeren Projekten meist nur fünf bis sieben wirklich kritische Maßnahmen strikt einzuhalten sind, um den Projektverlauf nicht zu gefährden. Zulieferer überschreiten ihre Termine und vertrösten den Kunden und das Entwicklerteam, um dann schließlich so spät auszuliefern, dass das Entwicklerteam, welches die Ergebnisse noch integrieren muss, nicht mehr anders kann, als den Abgabetermin zu überschreiten.

Und dann geht das »Finger-Pointing« los: Wer ist Schuld an der Verzögerung? Und dabei zeigt jeder auf den anderen. (Was ziemlich uninteressant ist, wenn »das Kind erst mal in den Brunnen gefallen ist«.) Darum macht es Sinn, zu Beginn des Projektes alle wirklich kritischen Punkte zeitlich abzustimmen, die Projektbeteiligten darauf einzuschwören und als Programm-Manager (selbst wenn man nicht so etwas wie Generalunternehmer ist) die Termineinhaltung voranzutreiben bzw. rechtzeitig die Termineinhaltung in Erinnerung zu rufen.

9.5.2 Maßnahmen durchsetzen

Das mit der Erinnerung ist recht einfach, wenn man in jedem Release mindestens einen Termin für eine Projektroutine eingeplant hat, bei der alle Projektbeteiligten anwesend sind. Als erster Punkt auf der Agenda muss immer der Maßnahmenplan stehen. Dieser wird gemeinsam von oben nach unten im Detail durchgesprochen. Für abgeschlossene Maßnahmen wird kurz das Ergebnis (qualitativ) bewertet und dann festgestellt, ob alle Beteiligten der gleichen Meinung sind, dass die Maßnahmen vollständig realisiert worden sind. (Denn: »fertig« ist, wie schon weiter vorne erwähnt, eine Frage der Perspektive.) Alle Maßnahmen, deren Endtermin noch nicht abgelaufen ist, werden kurz bzgl. ihres aktuellen Umsetzungsstatus besprochen: Wurde schon mit der Maßnahme begonnen? Gibt es Probleme bei der Umsetzung? Kann der Termin gehalten werden etc.? So können im Vorfeld mögliche Planabweichungen festgestellt werden. Es besteht dann die Möglichkeit zu agieren, anstatt nur noch reagieren zu können.

Für diese Maßnahmen ist dann spätestens in der gemeinsamen Projektroutine ein neuer Termin festzulegen. Dabei sollte der für die jeweilige Maßnahme Verantwortliche selbst einen neuen, realistischen Endtermin vorschlagen. Gemeinsam wird geprüft, ob dies eine Auswirkung auf andere Maßnahmen oder Features hat. Manchmal reicht es, abhängige Features in das nächste Release zu verschieben. Manchmal kann es aber auch bedeuten, dass alle nachfolgenden Release-Termine neu geplant werden müssen. Das ist dann schon ein mittleres Drama.

9.5.3 Normal ist, wenn etwas schief geht ...

In unseren FBP-Projekten ist das aber nur sehr selten passiert. Zum einen beobachten wir die Zuverlässigkeit von neuen Dienstleistern sehr genau. (Wenn man schon einmal zusammengearbeitet hat, dann weiß man ja meist, was man erwarten kann.) Zum anderen haben wir in vielen Fällen auch die Terminverzögerungen Dritter durch Überstunden und Nachtschichten wieder aufgeholt. Das soll jetzt kein Appell für lange Arbeitstage sein: Es soll nur daran erinnern, dass man nicht sofort aufgibt, wenn mal etwas nicht 100 %ig klappt. Es ist völlig normal, dass in einem Software-Projekt etwas schief läuft. Man sollte dann nicht damit anfangen, nach einem Schuldigen zu suchen,

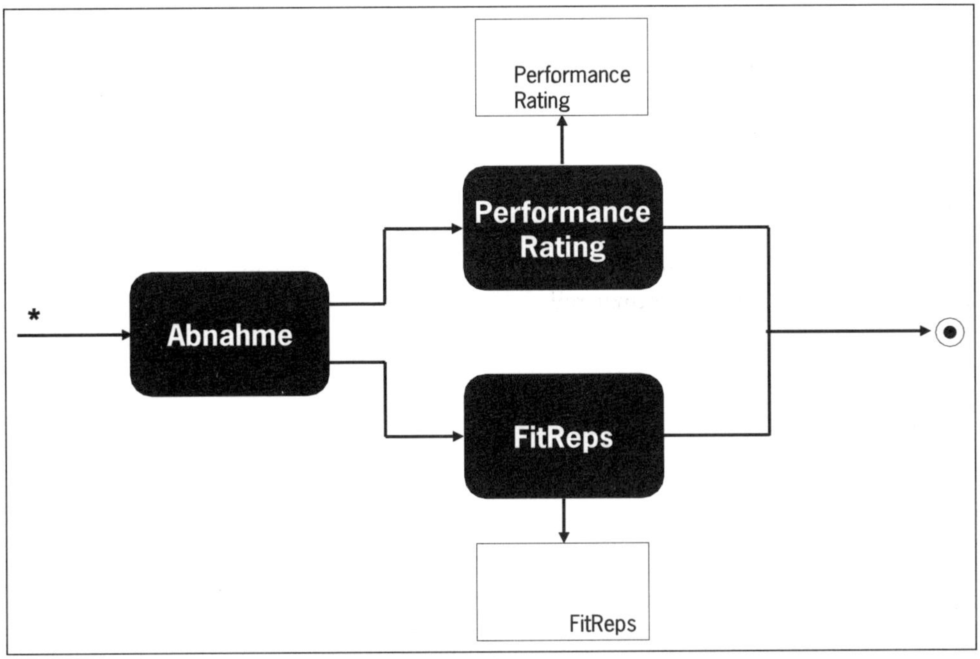

Abbildung 9.6: Der zweite Teil der Umsetzungsphase: Nach der Abnahme folgen das Performance Rating mit dem Kunden und die FitReps mit dem Projektteam. Beides dient der kontinuierlichen Selbstverbesserung.

sondern stattdessen die Ärmel hochkrempeln und nach einer Lösung suchen. Das ist auch eine kulturelle Frage.

Psychologisch ist der gemeinsame Status-Check aller Maßnahmen zu Beginn jeder Projektroutine sehr wichtig: Die Teilnehmer wissen, dass sie Stellung zum eigenen Arbeitsfortschritt beziehen müssen. Wenn man selbst in einer solchen Runde sitzt und immer wieder Termine verschieben muss, wird das sehr schnell eine unangenehme Erfahrung. Menschen neigen dazu, unangenehme Erfahrungen zu vermeiden. Dies geht in diesem Fall aber nur, wenn man seine Maßnahmen pünktlich fertigstellt.

10 Exkurs Projekt-Controlling: Nadelstreifen und Rollkragenpullover (von Claudia Dietze)

Das Controlling analysiert Zahlen und erstellt für die Unternehmensführung Auswertungen und Berichte, die helfen sollen, das Unternehmen in die richtige Bahn zu lenken und Risiken abzuwenden.

Das ist gut.

In Industrieunternehmen hat das Controlling in den wenigsten Fällen direkten Kontakt zur Produktion des Unternehmens. Jeder macht seinen Job. Die Kluft zwischen den »feinen Herren« aus dem Controlling und den »rauen Männern« aus der Produktion ist daher aber leider sehr groß.

Das ist schlecht.

In der Dienstleistungsbranche hätten wir eine gute Chance, dies besser zu machen, denn die »Produktion«, z. B. die Entwicklung in einem Software-Haus, befindet sich direkt im Bürobereich. Nun spielen in der Software-Entwicklung neben den quantitativen Merkmalen vor allem auch qualitative Merkmale — wie z. B. Software-Design, Stabilität — eine tragende Rolle. Eine kennzahlenbasierte Steuerung von Software-Projekten erscheint daher auf den ersten Blick genauso schwierig, wie z. B. ein Forschungsprojekt nach betriebswirtschaftlichen Kriterien zu bewerten.

Die Schwierigkeit in der kennzahlenbasierten Steuerung ist wohl auch einer der Gründe, warum Controller und Entwickler in vielen Software-Häusern weiterhin genauso »entfernt« voneinander arbeiten wie es bereits im Industriezeitalter der Fall war.

Für jeden ist es nachvollziehbar: Es macht Sinn, wenn die Entwickler auch die kaufmännische Dimension des eigenen Handelns verstehen und ihr eigenes Projekt nicht nur nach technischen Maßstäben, sondern auch nach kaufmännischen Kriterien führen können. Controller und Software-Entwickler sollten daher eng und kooperativ zusammenarbeiten. Das ist heute aber nicht unbedingt die Regel, sondern eher die Ausnahme.

Wir haben uns daher diesem Thema von einer ganz anderen Seite her gewidmet und einen Prozess aufgebaut, bei dem das Controlling dem Entwicklungsteam als Coach und Partner zur Seite steht — als Sparrings-Partner. Controlling heißt Steuern und nicht Kontrollieren!

10.1 Projekt-Checking

Jeder kennt es: Für Entwickler gibt es nichts Wichtigeres als die Software. Für den Manager und Controller sind es immer die Zahlen. Die Leidenschaft eines Entwicklers ist es nicht, über die Budgets zu reden, sondern vielmehr über neue Technologien, das Software-Design und Programmdetails. Beide Leidenschaften sind produktiv, solange man sich nicht gegenseitig behindert.

Gute Software ist eine notwendige, aber leider keine hinreichende Bedingung für den Erfolg eines Projektes. Was heißt aber Projekterfolg? Für den Controller ist die Antwort einfach: Das Projekt ist im geplanten Budget realisiert. Für den Entwickler sind es eher die Details der Software, die einfache Wartbarkeit aufgrund eines eleganten Software-Designs oder die Robustheit.

Und für den Kunden? Beides!

Genau aus dem Grunde ist es wichtig, beide — das Controlling und die Entwicklung — an einen Tisch zu setzen: Das Projekt-Checking.

Das Projekt-Checking dient dazu, dass sich Controller und verantwortlicher Programm-Manager in einer ruhigen Runde gemeinsam die Projekt-Performance hinsichtlich Budget, Entwicklungsfortschritt der Software, Kundenstimmung und kaufmännischen Rahmenbedingungen anschauen. Ganz bewusst werden in diesem Rahmen Themen diskutiert, die im täglichen Doing untergehen oder aufgrund der vermeintlichen geringeren Dringlichkeit gerne auf »morgen« verschoben werden. Im Projekt-Checking wird dies nachgeholt ... und zwar sehr konsequent.

10.1.1 Automatische Terminierung

Als Projektverantwortlicher nimmt am Projekt-Checking der Programm-Manager und seitens des kaufmännischen Bereichs der Controller teil. Der Controller dient dabei als Coach. Er soll den Programm-Manager, der innerhalb eines Releases von kaufmännischen Fragen weitestgehend abgeschirmt arbeitet, bewusst auf noch offene Themen oder sich anbahnende Probleme hinweisen bzw. ihm die Chance geben, den einen oder anderen Punkt nach seinem persönlichen Empfinden zu thematisieren. Seine persönliche Einschätzung ist gefragt.

Wie immer bei Aufgaben, die man nicht wirklich gerne tut, muss ein Termin gefunden werden, der nicht verschiebbar ist und den man einfach nicht vergessen kann. Hierfür bietet sich nur ein sinnvoller Termin an: die Vollendung eines Releases. Also der Tag nach dem Deployment — am Ende einer heißen Entwicklungsphase. Dies ist der beste Zeitpunkt, an dem der Entwickler in Ruhe einen Schritt zurücktreten und sich »sein« Projekt einmal mit etwas Abstand anschauen kann.

Zudem ist der Zeitpunkt gut gewählt, um eine erste repräsentative Aussage über den Stand des Projektes zu erhalten. Nach einer Software-Auslieferung — als ein Meilenstein des Projektes — lässt sich gut prüfen, ob die Ziele hierfür alle erreicht wurden. Auch hat der Programm-Manager im Vorfeld ausreichend Zeit, die dafür erforderlichen Daten und Unterlagen vorzubereiten.

10.1.2 Plan/Ist-Vergleich auf Projekt-, Release- und Feature-Ebene

Für den Plan/Ist-Vergleich muss man sich zunächst auf eine gemeinsame »Sprache« einigen.

Ein Entwickler denkt weniger in Geldeinheiten, sehr wohl aber — durch das tägliche Führen eines Timesheets oder einer anderen Zeiterfassung der Arbeitseinheiten — in Manntagen und in Features. Ein Controller hingegen denkt nicht an die Inhalte der Features, sehr wohl aber an das Budget — und damit an die Tagessätze und die Manntage.

Zu Beginn eines Projekt-Checkings schauen sich daher beide die geplanten Manntage gegenüber den verbrauchten sowie die Anzahl der geplanten Features gegenüber den ausgelieferten und damit realisierten Features an. Und zwar Top-down — im ersten Schritt für das gesamte Projekt und im zweiten Schritt im Detail für das aktuelle Release. Folgende Fragestellungen stehen dabei im Mittelpunkt:

Auf Projektebene:

- Wie viele Features sind insgesamt für das Projekt geplant und wie viele wurden insgesamt bisher ausgeliefert?
- Wie viele Manntage sind insgesamt für das Projekt geplant und wie viele wurden bisher verbraucht?
- Wie viele Releases sind insgesamt geplant? Wie viele davon sind bereits ausgeliefert?

Auf Release-Ebene:

- Wie viele Features waren für das Release insgesamt geplant und wie viele wurden ausgeliefert?
- Wie viele Manntage waren für das Release insgesamt geplant und wie viele wurden benötigt?
- Sind im Laufe des letzten Release neue Features hinzugekommen bzw. gestrichen worden?
- Liegt für die neuen Features eine Beauftragung vor?

Und logische Konsequenz:

- Gab es Features, bei denen das geplante Manntage-Budget nicht eingehalten wurde?
- Wenn ja, bei wie vielen der Features wurden die ursprünglich geplanten Manntage nicht eingehalten?
- Welches Features betrifft das und warum? Gibt es Lerneffekte daraus, die eine Planänderung erfordern?

10.1.3 Status des Release- und des Maßnahmenplans

Es ist verständlich, dass alle geplanten Termine eingehalten werden sollten, um den Projekterfolg nicht zu gefährden. Aufgrund der zu erwartenden Friktion kann man das nicht immer sicherstellen. Man muss jedoch »Herr der Lage« bleiben, Termine beobachten und neue Termine vereinbaren, wenn etwas nicht klappt. Bei jedem fehlgeschlagenen Termin muss man den Release-Plan prüfen, ob der nächste Termin noch haltbar ist.

Im Fokus steht nicht allein der Endtermin eines Projektes. Der Endtermin ist nur dann sicher, wenn jeder Meilenstein davor, z. B. die Auslieferungstermine eines Releases, eingehalten werden. Mit jeder Nichteinhaltung der Termine vor dem Endtermin ist die Gefahr groß, dass auch dieser in Gefahr gerät. Zu den kritischeren Terminen gehören dabei folgende Bereiche, die im Projekt-Checking gemeinsam beleuchtet und zwischen Controlling und Entwicklung diskutiert werden:

- Ist der Auslieferungstermin des Releases eingehalten worden?

Diese Frage ist sicherlich eindeutig »schwarz oder weiß« zu beantworten. Die Auslieferung hat mit dem Deployment-Termin am Release-Ende einen eindeutigen Termin, gleich morgens als erste Tat des Arbeitstages. Wie pünktlich aber tatsächlich ausgeliefert wurde, wird viel eher über die Analyse der geplanten auszuliefernden Features und der verbrauchten Manntage deutlich. Konnten wir die Planzahlen sowohl im Verbrauch der Manntage als auch in der Anzahl der ausgelieferten Features nicht halten, weist dies daraufhin, dass sich eine Schieflage im Timing entwickelt. Wir müssen Features dann mit ins nächste Release übernehmen. Die Zeit wird enger.

- Ist der Kunde zeitnah über die erfolgreiche Auslieferung informiert worden?

Immer am Ende einer Auslieferung wird dem Kunden z. B. eine standardisierte Bestätigungs-E-Mail über den Abschluss der Auslieferung zugeschickt. Damit weiß der Kunde, dass die Auslieferung beendet ist und er nun mit dem Testing ohne Zeitverzug beginnen kann. Das ist wichtig, weil der Kunde ein Test-Feedback geben muss. Und da sollte man ihn nicht warten lassen.

- Wann hat der letzte Kundentermin stattgefunden und wann findet der nächste statt?

Gerne werden im Laufe eines Projektes Kunden-Meetings sowohl vom Kunden als auch vom Entwicklungsteam verschoben. Alles andere erscheint einem im engen Zeitplan wichtiger, als über den Status zu sprechen, den vermeintlicherweise jeder kennt.

Dies ist sicherlich einer der größten Trugschlüsse. Viele Dinge kann man nur persönlich besprechen und nach einer längeren Zeit des E-Mail-Kontaktes muss man sich einfach einmal wieder in die Augen schauen, um persönlich den Plan, den Status und die nächsten Ziele zu besprechen. Auch hier gilt: Je näher der Kunde an der Entwicklung dran ist, desto besser können Wünsche richtig verstanden und im Laufe des Projektes rechtzeitig berücksichtigt werden.

Daher wird in jedem Release immer mindestens ein gemeinsames Meeting organisiert und damit es zu keinen Verschiebungen kommt auch rechtzeitig ein neuer Termin für das kommende Release vereinbart.

- Gab es einen kritischen Termin im Maßnahmenplan, der nicht gehalten wurde?

Viele der Termine liegen nicht direkt in der Verantwortung des Entwicklungsteams (z. B. das Bereitstellen des Test-Servers) und können daher im täglichen Geschäft mal aus dem Fokus verloren gehen. Um dies zu vermeiden, gehen Controller und Programm-Manager gemeinsam den Maßnahmenplan durch und besprechen die anstehenden und die verschobenen Termine.

10.1.4 Testaufwand

Testen ist wichtig. Aus diesem Grunde wird dieser Part im Projekt-Checking aus unterschiedlichen Perspektiven thematisiert und betrachtet. Das Controlling soll und kann das Testen nicht bewerten. Es kann aber sehr wohl Fragen stellen, in welchem Ausmaß getestet wurde. Dies dient als Erinnerung für den Programm-Manager und erhöht die Sensibilität.

- Wie lange hat das Entwicklerteam das Release selbst getestet?

Es gilt: Je länger und systematischer, desto besser.

Es wird nicht in Frage gestellt *das* getestet wird, sondern vielmehr *wie lange* getestet wird. Das Integrations-Testing durch das Entwicklerteam vor dem Deployment (und nach dem Deplyoment, um die Installation zu überprüfen) ist wichtig, damit die groben Dinge nicht mehr vom Kunden gefunden werden. Dieser soll nur noch die Dinge finden müssen, die die Entwickler entweder inhaltlich nicht beurteilen können oder die ein Entwickler aufgrund der sich in der Entwicklung einstellenden »Test-Blindheit« nicht selbst finden kann.

- Wurde das Test-Feedback des Vor-Releases vom Kunden pünktlich — gemäß Release-Plan — zurückgeliefert?

Das klingt nach Erbsenzählerei, aber grundsätzlich gilt — bis das Gegenteil bewiesen ist: Der Kunde hat nie Zeit zum Testen und alles andere ist erst einmal wichtiger. Diesem Problem muss der Programm-Manager begegnen und zwar konsequent.

Es ist die traurige Regel in klassischen Software-Projekten, dass das Testen durch den Kunden erst kurz vor Produktivstellung richtig ernst genommen wird. Es ist aber sehr wichtig, dass der Kunde nicht nur regelmäßig, sondern auch zeitnah testet. Und: der Kunde spart dabei sogar Zeit, da die Tests nach jedem Release wesentlich weniger aufwändig sind, als wenn man das Gesamtsystem nur am Ende durchtestet. Testet er nicht regelmäßig, ist es sehr wahrscheinlich, dass nach der letzten Auslieferung unerwartet viele Bugs und Unstimmigkeiten gefunden werden. Unter Umständen muss sogar die Produktivstellung verschoben werden. Verständlicherweise sorgt das auf beiden Seiten für eine schlechte Stimmung.

- Wenn das Test-Feedback nicht pünktlich vom Kunden gekommen ist — wann ist das Test-Feedback geliefert worden?

Es ist wichtig, dass der Programm-Manager den Kunden immer wieder an die pünktliche Abgabe des Test-Feedbacks erinnert. Konsequent, da die gesamte Zeitplanung von diesem Punkt abhängt. Gemeinsam können Controlling und Entwicklung im Projekt-Checking über Maßnahmen nachdenken, wie der Kunde zum sorgfältigen Testen motiviert werden kann.

- Wie viele Fehler (Bugs) hat der Kunde im getesteten Release identifiziert?

Leider gilt: je mehr, desto besser. Es sei denn, es gibt keine ...

Software hat immer Bugs und Ecken und Kanten, die optimiert werden müssen. Wenn überhaupt keine Fehler oder nur Trivialprobleme wie Schreibfehler in der Oberfläche gefunden werden, dann könnte es sein, dass nicht richtig getestet wurde.

Controlling und Entwicklung könnten dann z. B. als Maßnahme gemeinsam entscheiden, dass der nächste Test gemeinsam mit dem Kunden vor Ort durchgeführt wird.

- Wie viele dieser Bugs wurden davon im aktuellen Release gefixt?

Verständlicherweise gilt: je mehr, desto besser. Es sei denn, es gab keine ...

Ein weiterer wesentlicher Erfolgsfaktor im Projekt ist das unmittelbare Fixen eines Bugs. Findet dieses unmittelbar nach der Software-Auslieferung im darauf folgenden Release statt, ergeben sich zwei wesentliche Vorteile: Erstens, das Beheben geht in der Regel schneller, weil die Entwicklung noch nicht solange her und damit die Ursachenfindung einfacher ist und zweitens, weil die Anwendung so mit jedem Release stabiler und besser wird.

10.1.5 Persönliche Einschätzung

Ganz bewusst stellt der Controller Fragen, die den Programm-Manager zum Nachdenken bewegen sollen. Es kann einen Denkprozess auslösen. Es geht um die persönliche Einschätzung des Programm-Managers über das Projekt. Im Mittelpunkt stehen Fragen wie:

- Ist der Kunde zufrieden? Eine spontane Antwort ist gefragt.
  (Schulnotensystem: 1 = sehr bis 6 = gar nicht).
- Entspricht die Feature-Liste noch der aktuellen, tatsächlichen Entwicklung?
- Gibt es noch offene Probleme, für die bisher noch kein Lösungsweg gefunden wurde oder bahnen sich welche an?
- Was war das Hauptthema im letzten Kunden-Meeting?
- Über welchen zentralen Aspekt soll darüber hinaus im Projekt-Checking noch dringend gesprochen werden?

10.1.6 Routiniertes Fixen eines Bugs

Damit Projekt-Checkings auch zu den obigen Untersuchungen/Fragen führen, sind sie sorgsam vom Programm-Manager vorzubereiten. Die Vorbereitung ist zwar einfach, aber ein Projekt-Checking läuft nur reibungslos ab, wenn alle notwendigen Informationen vorbereitet sind. Alles andere ist eine gegenseitige Zeitverschwendung, die das Projekt-Checking unnötig verlängert.

Der Controller beantwortet daher immer am Ende der »Veranstaltung« eigenständig folgende Fragen:

- Ist die Feature-Liste aktuell geführt?
- Sind alle Maßnahmenpläne aktuell geführt?
- Liegt ein aktueller Release-Plan vor?
- Liegt eine aktualisierte Dokumentation vor?

Wieder gilt: Es geht hier nicht um Kontrolle, sondern um Sensibilisierung. Es entsteht ein Automatismus, an den man sich leicht erinnert. Wenn bei jedem Projekt-Checking nach immer den gleichen Unterlagen gefragt wird, dann wird es irgendwann Routine, über diese Dokumente zu diskutieren und sich entsprechend vorzubereiten. Das ist alle zwei bis drei Wochen sicher keine Schwierigkeit und wesentlich effizienter, als — wie in klassischen Projekten üblich — zwischendurch und vor allem in Krisensituationen, in denen sowieso wenig Zeit da ist, ad hoc ständig anders strukturierte Statusmeldungen aufbereiten zu müssen. Und: Das diese Informationen für ein Unternehmen wichtig sind, steht doch für jeden außer Frage, oder?!

10.1.7 Initial-Projekt-Checking

Für das allererste Projekt-Checking gibt es neben den oben besprochenen Punkten noch ein paar fortführende Fragestellungen, die entscheidend für den Projektverlauf sind.

- Liegt ein formaler Auftrag vor?

Es ist oft der Fall, dass Projekte noch vor einem offiziellem Vertragsabschluss oder offizieller Beauftragung begonnen werden. Der Zeitplan ist, wie immer, ambitioniert und das Entwicklungsteam will keine Zeit verstreichen lassen, die am Ende fehlen könnte. Das ist verständlich, aber nur zeitweilig akzeptabel. Das Controlling hat gemeinsam mit dem Programm-Manager einzuschätzen, wie weit eine Beauftragung informell bereits vorliegt. Denn erst mit der offiziellen Beauftragung kann die erste Rechnung gestellt werden.[1]

1 Ein einfaches Prinzip: Wenn man pünktlich Software von hoher Qualität ausliefert und der Kunde zufrieden ist, dann kann man auch pünktlich Rechnungen schreiben. Das haben viele Firmen vor allem in der Internet-Boom-Zeit scheinbar vergessen und sind dann u. a. auch an den — möglicherweise auch zu recht — unbezahlten Rechnungen ihrer Kunden gescheitert. Management und Entwicklung müssen sich im Einklang bewegen.

Gemeinsam haben Controlling und Programm-Manager dafür zu sorgen, dass der Kunde auch eine offizielle schriftliche Beauftragung vornimmt. Das gehört zu einer ordentlichen Unternehmensführung dazu. Ein Vertrag gehört zum Geschäftsleben mit dazu. Oder würden sie in eine Wohung ohne Mietvertrag einziehen? Oder einen Job ohne Arbeitsvertrag anfangen? Nein? Genauso braucht auch ein Projekt einen Vertrag!

Bei allen Eventualitäten steht daher ein Termin fix im Raum: Spätestens zum ersten Auslieferungstermin, also am Ende des ersten Releases (i.d.R. im FBP zwei Wochen nach Entwicklungsstart) sollte eine Beauftragung vorliegen.

- Ist der Release-Plan sinnvoll geplant?

Zum Zeitpunkt des Angebotes steht in den meisten Fällen zwar der Endtermin des Projektes fest, aber nicht unbedingt alle Auslieferungstermine (bzw. Releases) während des Projektes. Der Programm-Manager bereitet zum Initial-Projekt-Checking einen Release-Plan vor, der gemeinsam mit dem Controller hinsichtlich der freien Kapazitäten des Entwicklungsteams und der übergreifenden bzw. projektfremden Termine auf Plausibilität geprüft und diskutiert wird. Und: Sind keine Releases vor oder direkt an Feiertagen? Sind die Releases nicht zu lang und nicht zu kurz? Sind die Deployment-Termine möglichst immer auf den gleichen Tag gelegt? etc.

- Sind die Features sinnvoll auf das Entwicklungsteam verteilt?

Mit der Entwicklung der Feature-Liste wird zunächst der Umfang und damit der Aufwand geplant.

Bevor aber mit der Entwicklung begonnen wird, ist es dringend erforderlich, klare Verantwortlichkeiten zu definieren. Jeder Entwickler ist für mehrere Features und ein oder auch mehrere Module verantwortlich.

Neben der Aufteilung der Features auf das Entwicklungsteam ist es verständlicherweise aber genauso von Bedeutung, dass diese Planung realisierbar ist. Dabei geht es weniger um die fachliche Komponente als vielmehr um die Prüfung: Passen die geschätzten Entwicklungs-Manntage zu den verfügbaren Kapazitäten und den verfügbaren Arbeitstagen des Entwicklers? Sind Urlaubszeiten und Feiertage berücksichtigt?

Das Controlling kann nicht entscheiden, ob die Verteilung der Features inhaltlich sinnvoll ist. Das Controlling kann aber sehr wohl transparent machen, ob überhaupt eine Verteilung stattgefunden hat, die Kapazitäten der Entwickler diese Aufteilung zulassen und die Verantwortlichkeiten in der Feature-Liste eingetragen sind. Das hilft, wie gesagt, um diese Arbeitsroutine einzuspielen und Best Practices über mehrere Teams zu verbreiten.

- Sind alle Terminabhängigkeiten diskutiert und in einem Maßnahmenplan aufgestellt?

Für jedes Projekt gibt es kritische Termine, die den Endtermin des Projektes in Gefahr bringen können. Dabei geht es hier weniger um Unwägbarkeiten, die nicht planbar oder nicht vorhersehbar sind. Vielmehr sind es vorhersehbare Aufgaben (wie z. B. das Bereistellen eines Test-Servers), die, wenn sie terminlich nicht geplant sind, dass gesamte Projekt in Gefahr bringen können.

Diese kritischen Termine sind leicht herauszuarbeiten und sollen bereits zu Beginn und spätestens im Projekt-Kickoff-Meeting mit allen Projektbeteiligten gemeinsam aufgestellt und im Laufe des Projektes fortgeführt werden.

10.1.8 Final-Projekt-Checking

Neben dem Start eines Projektes ist auch der Abschluss eines Projektes ein sensibler Zeitpunkt. Nachdem die Software pünktlich ausgeliefert wurde, gibt es noch einige Dinge zu beachten. Daher wird in einem gesonderten Projekt-Checking, nämlich dem Final-Projekt-Checking, der offizielle Projektabschluss besprochen.

Im Mittelpunkt stehen folgende Fragen:

- Ist die offizielle Abnahme bereits organisiert?

Mit der Abnahme beginnt für einen Dienstleister die Gewährleistungszeit. In der Regel ist dies auch der Zeitpunkt, an dem die letzte Rechnung gestellt wird. Es gibt daher keinen Grund, die Abnahme bei erfolgreicher Auslieferung nicht unmittelbar auch schriftlich zu dokumentieren. Während der Gewährleistung werden Fehler für den Kunden kostenfrei behoben. Zu Beginn einer Gewährleistung kann es kleinere Fehler — so genannte Known Bugs — in der Anwendung geben. Es darf sich dabei nicht um Fehler handeln, die eine Nutzung der Anwendung verhindern, so genannte Showstopper. Selbstverständlich verhindern Showstopper die Abnahme. Die Known Bugs hingegen werden auf der schriftlichen Abnahme gelistet und verhindern sie nicht.

- Ist bereits ein Termin für das Performance Rating mit dem Kunden vereinbart?

Nach jedem größeren Projekt führt das Controlling ein Performance Rating beim Kunden durch. Das Performance Rating dient dazu, die Kundenzufriedenheit zu analysieren und mit dem Kunden gemeinsam Ansatzpunkte zur Verbesserung der Zusammenarbeit zu ermitteln. Neben einigen Fragen zum Prozess der Zusammenarbeit werden hier auch »weiche« Faktoren aus dem Bereich der Kommunikation abgefragt. Ganz bewusst wird das Interview nicht von dem Entwicklungsteam selbst übernommen, damit ehrliche Antworten und kritische Äußerungen eingefangen werden können. Dieses Interview wird sehr ernst genommen und es wird viel Zeit in die Analyse der Ergebnisse und die interne Umsetzung investiert. Dem Kunden wird abschließend ein Feedback über die Interviewergebnisse und die getroffene Maßnahmen zurückgespielt.

10.1.9 Experiment: Tendenzen erkennen

Wie sich zeigt, dient das Projekt-Checking dazu, »harte« und »weiche« Faktoren unter die Lupe zu nehmen. Ganz unterschiedliche Bereiche werden beleuchtet und bewertet. Am

Ende dienen sie dazu, ein Gesamtbild des Projektes zu vermitteln. Dieses Bild kann sich von Release zu Release bis zum Ende des Projektes vervollständigen oder auch verändern. Es gibt aber auf diese Art keine zusammenfassende, vergleichbare Einschätzung.

Darum haben wir mit einer Kennzahl experimentiert, die nicht zum Standard des Feature-based Programming gehört, die aber für größere IT-Dienstleister durchaus interessant sein kann, da sie Qualitätstendenzen in einer Organisation sichtbar macht.

Für die Steuerung des Projektes ist es wichtig, dass Programm-Manager und Controlling am Ende eines jeweiligen Checkings ein gemeinsames Verständnis über die Situation des Projektes haben. Nach so vielen Beurteilungen und diskutierten Fragen ist die Gefahr aber sehr groß, dass die persönliche Einschätzung stark von der selektiven Wahrnehmung des Einzelnen abhängt.

Aus diesem Grunde ist es hilfreich, am Ende einen vergleichbaren Wert zu haben. Eine Zahl, die den gegenwärtigen Zustand des Projektes eindeutig klassifiziert und die sowohl Programm-Manager als auch Controller als Vergleich ihrer persönlichen Einschätzung dient. Die Zahl ist jedoch keine inhaltliche Bewertung der Arbeit. Sie sagt nur aus, wie stark die FBP-Prinzipien genutzt werden, wobei wir davon ausgehen, dass diese Prinzipien zu einer höheren Erfolgswahrscheinlichkeit führen.

Daher: Je größer der Wert, desto größer ist die Chance für den Projekterfolg.

Nach jedem Meeting berechnet das Controlling für jedes Release eines Projektes einen solchen Indexwert. Der Indexwert und die Berechnungsgrundlage für den Wert werden auf einer Ergebnisseite zusammengefasst.

Nun ist die Aussagekraft des Indexes nur so gut wie seine Berechnungsgrundlage. Der wichtigste Schritt ist es daher, sich Gedanken zu machen, welcher der Bereiche eine höhere Relevanz für den Projekterfolg hat. Insgesamt werden über alle Bewertungskriterien 100 Punkte verteilt.

- Die Features

Sie stellen sicherlich das Herz des Projektes dar. Weniger Features als geplant auszuliefern, bedeutet eine Plananpassung. Nun kann und darf es durchaus mal passieren, dass Features aus dem einen Release in eine anderes in Abstimmung mit dem Kunden umgeplant werden müssen. Eine Umplanung der Features zeigt aber auch an, dass sich eine erste Terminschwierigkeit anbahnen könnte.

Von 100 Punkten bekommt dieser Bereich 25 Punkte. Sollten nicht alle Features ausgeliefert worden sein, reduzieren sich die 25 möglichen Punkte entsprechend. Wurden mehr als 30 % nicht ausgeliefert, gibt es keinen Punkt mehr.

- Die Manntage

Über die verbrauchten Manntage wird ersichtlich, ob das Entwicklerteam die realisierten Features im vorher eingeplanten Budget fertig gestellt hat. Dies ist in doppelter Sicht von Interesse. Zum einen geht es um die Projektprofitabilität. Das Budget ist in der Regel fix und wenn mehr gebraucht wird, heißt das zunächst, dass der Dienstleister dies selbst kompensieren muss. Auf der anderen Seite zeigt ein erhöhter Manntage-Bedarf, dass das Entwicklerteam nicht mit der ursprünglich geplanten Zeit hinkommt und — sollte sich dies nicht über die Projektlaufzeit kompensieren lassen, bedeutet zudem, dass der Zeitplan in Gefahr ist.

Von 100 Punkten bekommt dieser Bereich 25 Punkte. Sollten mehr Manntage als geplant gebraucht worden sein, wird die maximale Punktzahl entsprechend verringert. Ist der erhöhte Manntage-Bedarf höher als 30 %, wird gar kein Punkt vergeben.

- Die Termintreue

Der wichtigste Termin während der Projektlaufzeit ist der Auslieferungstermin eines Releases. Über die vorherigen Bereiche »Features« und »Manntage« wird indirekt auch die Termintreue berücksichtigt, sodass dieser Bereich in der Bewertung redundant vertreten ist.

Von 100 Punkten bekommt dieser Bereich daher »nur« 20 Punkte. Da es bei Terminen keine Grauzonen gibt — sie wurden eingehalten oder eben nicht — gibt es bei Nichteinhaltung keinen Punkt.

- Die Maßnahmen

Auch hier geht es letztendlich um Termine. Es geht darum, die vorher identifizierten kritischen Termine im Auge zu behalten und dafür Sorge zu tragen, dass die entsprechenden Maßnahmen umgesetzt werden.

Von 100 Punkten erhält dieser Bereich 15 Punkte. Sollten Maßnahmen verspätet sein, reduziert sich die zu erreichende Punktezahl entsprechend.

- Die Vorbereitung

Neben den automatisch generierten Unterlagen zum Projekt-Checking müssen verständlicherweise auch einige Unterlagen vom Programm-Manager und Entwicklerteam vorbereitet werden. Zusätzlich erkennt man, ob das Projekt-Checking ernst genommen wird. Wir versuchen, den Aufwand dafür stetig zu minimieren, aber so viel »Hingabe« sollte dann doch jeder mitbringen. Von 100 Punkten bekommt dieser Bereich 15 Punkte.

- Das Initial-Projekt-Checking

Die Besonderheiten des Initial-Projekt-Checkings, wie ein offizieller Auftrag, das Aufstellen eines sinnvollen Release-Planes etc., fließen verständlicherweise nur beim Initial-Projekt-Checking in die Bewertung mit ein.

Um insgesamt wieder auf 100 Punkte zu kommen, werden für das Initial-Projekt-Checking — durch das Reduzieren in den Bereichen »Vorbereitung« und »Maßnahmen« auf jeweils 10 Punkte — 10 Punkte bereitgestellt.

Von 100 Punkten bekommt dieser Bereich also 10 Punkte.

- Das Final-Projekt-Checking

Das Final-Projekt-Checking findet nur einmal — und wie der Name auch schon andeutet — nur am Ende eines Projektes statt. Von 100 Punkten bekommt dieser Bereich 10 Punkte. Eine fehlende Projektabnahme zum Beispiel reduziert die zu erreichende Punktzahl entsprechend.

Auch hier werden über das einmalige Reduzieren der Punktzahlen in den Bereichen »Vorbereitung« und »Maßnahmen« 10 Punkte bereitgestellt.

10.1.10 Junge, komm bald wieder

Jedes Projekt-Checking endet oftmals mit gemeinsam verabschiedeten Maßnahmen, die sich aus dem Gespräch und dem Beurteilen der Situation ergeben. Mal präventiv, mal rettend: Sie sind notwendig, um die Projektsituation zu verbessern. Maßnahmen werden nicht nur für den Programm-Manager, sondern auch für das Controlling und das Management vereinbart.

Ein paar Tage nach dem Projekt-Checking findet daher ein informelles und spontanes weiteres Gespräch zwischen Controlling und Programm-Manager statt. Ziel hierbei ist es, die Ergebnisses aus den gemeinsam verabschiedeten Maßnahmen zu besprechen. Das Controlling ist zudem behilflich, die Maßnahmen zu begleiten und ggf. an der einen oder anderen Stelle bei kaufmännisch relevanten Themen bei der Umsetzung stärker zur Seite zu stehen.

10.2 Projektkonto

Wie ein Kontoauszug die finanzielle Situation auf einem Bankkonto anzeigt, so dient das Projektkonto in einem IT-Dienstleistungsunternehmen dazu, einen Überblick über alle relevanten kaufmännischen Zahlen eines Projektes auf einen Blick zu verschaffen.

Hier geht es darum, wie viele Manntage auf dem Projekt bisher verbraucht wurden und wie viele noch übrig sind. Es geht um den Umsatz, den man bisher mit dem Projekt gemacht hat und um offene Rechnungen, die vom Kunden noch nicht gezahlt worden sind.

Vereinfacht gesagt: Es geht darum, zu schauen, ob alles im Plus, also im »grünen Bereich« ist.

Schauen wir uns beispielhaft das folgende fiktive Projektkonto an (Abbildung 10.1):

- Das Projekt *Fee-based Structure 2003* hat am 2. Januar 2003 begonnen und wird am 15. Juni 2003 beendet sein.
- Programm-Manager ist *Franz Müller.*
- Der Kunde, die *Famous AG,* wird nach der Tarifgruppe International 02/03 (Tagessatz: 980,0 GE (Geldeinheiten)) abgerechnet.

- Das Entwicklungsteam besteht aus fünf Entwicklern: Entwickler (EW) 1 bis 5.

Firmenkonto Alle Projekte [Rechnungen] [Zahlungen]

Projektkonto

Pojekt:	**Famous AG - Fee-based Structure 2003**	Aktuelles Datum:	15. Feb 03
Programm-Manager:	**Franz Müller**	Letzte Rechnung:	31. Jan 03
Tarifgruppe:	International 02/03	Letzte Zahlung:	-
Zeitraum:	2.01.2003 bis 15.06.2003	Vorgänger Phase:	Famous AG – CSN 2002
		Saldo-Vorprojekt (MT	-12,5
		Querverrechnet:	Ja / **Nein**

Projektfortschritt

Verbraucht				Verfügbar				Gesamt			
Tage	in %	GE	in %	Tage	in %	GE	in %	Tage	in %	GE	in %
145,25	**28**	**142.345**	**28**	**364,95**	**72**	**357.655**	**72**	**510,20**	**100**	**500.000**	**100**
145,25	normiert	133.630	normiert	398,23	normiert	366.370	normiert	543,48	normiert	500.000	normiert

Entwicklungsteam

Monat	EW 1 (MT)	EW 2 (MT)	EW 3 (MT)	EW 4 (MT)	EW 5 (MT)	Gesamt (GE)	MT-Satz (GE)	Gearbeitet (GE)	Verrechnet (GE)	Delta (GE)	Bezahlt (GE)	OPOS* (GE)
Jan	20	19	17	15	20	**91**	980	89.180	150.000			
Feb	12	10,25	9	11	12	**54,25**	980	53.165	50.000			
Mrz						**0**	980	0				
Apr						**0**	980	0				
Mai						**0**	980	0				
Jun						**0**	980	0				
Jul						**0**	980	0				
Aug						**0**	980	0				
Sep						**0**	980	0				
Okt						**0**	980	0				
Nov						**0**	980	0				
Dez						**0**	980	0				
Gesamt	**32**	**29,25**	**26**	**26**	**32**	**145,25**	**980**	**142.345**	**200.000**	**30.987**	**0**	**200.000**
MT = Manntage / GE = Geldeinheit								**71**	**40**			**40**
								% v. Bezahlt	% v. Budget			% v. Budget

Abbildung 10.1: Projektkonto (Kunde, Projektname und Zahlen sind frei erfunden.)

10.2.1 Bewertung

Idealerweise zeigt das Projektkonto mehrere Kennzahlen an, die sich aus den aktuellen und bisherigen Zahlen des Projektes automatisch errechnen. Sie dienen zum spontanen und schnellen Bewerten der Projektsituation.

Schauen wir sie uns einmal im Einzelnen an:

- Der Manntage-Saldo soll positiv sein.

Mit dem Öffnen eines Projektkontos liegt ein Auftrag eines Kunden vor und damit auch die Übereinkunft, für einen bestimmten Betrag die vorher definierte Software zu erstellen. Der Betrag oder das Gesamt-Budget wird nun durch die Arbeit im Projekt täglich verringert.

Das Konto saldiert täglich, also zieht die verbrauchten Manntage oder das verbrauchte Budget (= Manntage × Tagessatz) vom Gesamtbudget ab und zeigt das verbleibende Budget an (siehe Projektfortschritt). Unser obiges Beispiel weist ein Gesamtbudget von 500.000,00 GE aus. Bisher sind 145,25 Manntage darauf gearbeitet und demnach noch ein Budget von 357.655,00 GE oder 364,95 Manntage zur Vollendung des Projektes verfügbar. Dies entspricht 72 %. 28 % des Manntage-Budgets sind folglich bisher verbraucht.

Fazit: Hinsichtlich des Budgets scheint alles noch im grünen Bereich.

Diese Zahlen isoliert betrachtet sagen verständlicherweise nichts darüber aus, wie viel an Aufwand noch erwartet wird und ob sich jetzt schon abzeichnet, dass das Gesamt-Budget knapp wird. Aber diese Antwort kann und soll an dieser Stelle auch nicht gegeben werden. Vielmehr ist das die Aufgabe des Projekt-Checkings (siehe weiter vorne), sich dieser Fragestellung iterativ zu nähern.

Wären nur noch 25 % des Gesamt-Budgets verfügbar, würde das Projekt eine Signalfarbe bekommen: Gelb. (Sollte das Budget vollständig aufgebraucht sein, wird aus Gelb Rot.) Es ist dabei völlig unerheblich, warum das Budget eng wird. Es zeigt erst einmal nur an: das Budget geht zur Neige und Programm-Manager und Controller müssen herausfinden, ob es Probleme gibt und ob diese aus eigener Kraft behoben werden können.

- Das OPOS-Limit soll nicht überschritten werden.

OPOS steht für Offene Posten und meint die Summe der noch nicht gezahlten Rechnungen eines Kunden.

Zunächst einmal ist das nichts Dramatisches. Rechnungen werden gestellt und später bezahlt. Unter Umständen ist mit dem Kunden sogar eine Zahlungsmodalität vereinbart worden, die eine spätere Zahlung einräumt.

Unabhängig von jeglichen Kundenvereinbarungen gibt es jedoch eine kritische Größe an nicht gezahlten Rechnungen, die für das Projekt oder — noch gefährlicher — auf Unternehmensebene zu einer Gefahr für die Liquidität werden könnte. Für ein Unternehmen ist es gefährlich, eine hohe Summe noch nicht gezahlter Rechnungen mit sich zu führen, weil das Risiko eines gänzlichen Zahlungsausfalls unweigerlich dazu führt, dass das Unternehmen umsonst gearbeitet hat und dies aus der eigenen Kasse finanzieren muss. (Darauf musste man besonders während des Internet-Booms achten.) Es ist aber eine gute Praxis, das bei allen Kunden, egal wie solvent, zu verfolgen.

Zurück zu unserem Beispiel heißt das: Das OPOS-Limit liegt hier bei 40 %. Nicht mehr als 40 % des Gesamt-Budgets dürfen als OPOS das Projekt »belasten«. Es sind bereits zwei Rechnungen in Höhe von insgesamt 200.000,0 GE gestellt worden; dies entspricht 40 % des Gesamt-Budgets. Die OPOS nehmen mit 200.000,0 GE genau 40 % des Gesamt-Budgets ein.

Fazit: Wir befinden uns nicht mehr im grünen, sondern im gelben Bereich. Die Grenze wird aller Voraussicht nach mit der nächsten Rechnungsstellung erreicht bzw. überschritten, sollte bis dahin keine Zahlung vom Kunden erfolgt sein. Das Controlling muss sich mit dem Programm-Manager im Projekt-Checking abstimmen und die Situation hinterfragen.

- Das Liquiditäts-Limit darf nicht überschritten werden.

Für die Liquidität des Projektes ist es wichtig, zeitnah Rechnungen zu stellen. Andernfalls muss der Software-Dienstleister die Entwicklungskosten vorstrecken. Mit dem Start der

Arbeit geht der Dienstleister in Vorleistung, denn es fallen Kosten an, die bezahlt werden müssen. Das kostet verständlicherweise zumindest einen entgangenen Zins. Nämlich den Zins, den man bekommen würde, wenn das Geld auf der Bank angelegt wäre. Viel gefährlicher ist es aber, wenn man derart in Vorleistung tritt, dass man die Kosten nicht mehr mit den eigenen finanziellen Mitteln tragen kann und auf teures Fremdkapital zugreifen muss. Es ist daher sehr ratsam, Teilrechnungen im Laufe der Projektumsetzung zu vereinbaren, beginnend mit einer Abschlagsrechnung zum Start des Projektes.

Aus dem Grunde gibt es ein maximales Liquiditäts-Limit, das sich prozentual aus dem bereits verbrauchten Budget eines Projektes gegenüber dem bereits verrechneten Budget ergibt. Es zeigt, wie das bereits in Rechnung gestellte Budget durch die Arbeit im Projekt aufgebraucht wurde. Je mehr verbraucht wurde, desto dringender ist eine erneute Rechnungsstellung, weil man ansonsten Gefahr läuft, den Zinsnachteil zu verstärken, der dadurch entsteht, dass gearbeitet wird, bevor die finanziellen Mittel im Hause sind.

Bei unserem Beispiel sind bereits 71 % der erwarteten Zahlungen aufgebraucht. Da in unserem Beispiel zudem das OPOS-Limit die Grenze erreicht hat, ist es umso dringender, die nächste Rechnungsstellung gemäß der getroffenen Vereinbarung mit dem Kunden vorzubereiten.

- Das Tagessatz-Limit soll nicht unterschritten werden.

Jedes Unternehmen hat eine Preisuntergrenze, bei der es keinen Sinn macht, die Arbeit aufzunehmen. Eine Unterschreitung führt dazu, dass das Unternehmen jetzt bei jedem gearbeiteten Tag selber dazulegt, anstatt das Kapital zu erhöhen. (Verständlicherweise ist das unternehmerisch nur in großen Ausnahmen sinnvoll.)

Es ist ratsam, neben diesem Mindestpreis einen weiteren kalkulierten Unterpreis zu definieren: das Tagessatz-Limit. Dieser Unterpreis entspricht dem niedrigsten zulässigen Tagessatz, der als Kalkulationsgrundlage für den Geschäftsplan des Unternehmens und der Projekte als Durchschnitt dient. Aus diesem Grunde sollte er nur in Ausnahmefällen unterschritten werden, da er ansonsten die Planzahlen in Gefahr bringt.

In unserem Beispiel zahlt der Kunde *Famous AG* den Tarif International 02/03. Für die Entwicklung kostet ein Manntag netto 980,00 GE. Das Tagessatz-Limit liegt hier bei 920,00 GE.

Da der verkaufte Tagessatz höher liegt als unser Tagessatz-Limit, kann er bei drohenden Budget-Engpässen genutzt werden, falls keine Nachverhandlung mit dem Kunden möglich ist. Das sieht so aus: Das Gesamt-Budget, 500.000,00 GE als fixe Größe, bleibt unverändert. Mit dem Tagessatz-Limit (normiert) ergibt sich allerdings ein höheres Budget an Manntagen. Bei unserem Beispiel sind ursprünglich 510,0 Manntage eingeplant. Sollte sich ein Budget-Engpass abzeichnen, stehen mit dem normierten Tagessatz insgesamt rund 543,5 Manntage zur Verfügung. Demnach können weitere 33,5 Manntage gewonnen werden.

Verständlicherweise ist dies eine »Hintertür«, die zu Beginn eines Projektes – vorausgesetzt das Gesamt-Budget ist nicht schon beim Start schlecht kalkuliert — nicht mit ins Spiel gebracht werden sollte.

10.2.2 Beobachtung

Es liegt nahe, dass das Projektkonto zunächst einmal ideal für das Controlling ist, das Projekt hinsichtlich der Rechnungen zu steuern. Das Controlling sieht sehr schnell, welche Beträge wann in welcher Höhe in Rechnung gestellt werden müssen und welche Rechnungen noch nicht gezahlt wurden.

Es liegt aber auch nahe, dass das Projektkonto dem Programm-Manager einen Überblick verschafft, wie viel an Budget er mit seinem Team verbraucht hat oder wie die Zahlungsmoral seines Kunden ist. Der Programm-Manager kann sich einer kaufmännischen Verantwortung nicht entziehen und es ist sogar sein Vorteil: Er kann selbst steuern, wofür er sein Budget einsetzt. Wenn beispielsweise die Anschaffung einer bestimmten Software-Komponente, eines Entwickler-Produktes oder besserer Hardware helfen würde, Zeit einzusparen, dann kann er sich dafür selbst entscheiden. Er muss aber das Gesamt-Budget immer im Auge behalten. Dabei geht es weniger darum, dem Kunden »auf die Füße zu treten«, als vielmehr darum, den Überblick zu behalten und entsprechende Maßnahmen mit dem Controller abzustimmen. Schön ist auch, wenn man sich bei jeder Entscheidung selbst fragt: »Würde ich das jetzt auch so entscheiden, wenn es mein eigenes Geld wäre und ich es selbst bezahlen müsste?«

Der Projekt-Manager muss darüber informiert sein, wann das Controlling welche Schritte unternimmt. Wann geht erneut eine Rechnung an den Kunden oder vielleicht sogar die erste Mahnung? Da er derjenige ist, der den täglichen Kundenkontakt hält, ist er über die derzeitige Zufriedenheit und Situation des Kunden besser informiert als das Controlling. Dieser Wissensaustausch ist wichtig, um Konflikte zu vermeiden.

Für die Kundenzufriedenheit ist nichts schädlicher, als einem Kunden unabgestimmt Mahnungen zu schicken, obwohl vielleicht die Entwicklung in Verzug ist oder das Produkt noch nicht den Erwartungen des Kunden genügt. Vice versa ist für die Liquidität des Unternehmens nichts schlimmer, als über drohende »Zahlungsschwierigkeiten« des Kunden nichts zu erfahren und sich nicht rechtzeitig um das Einfordern der offenen Rechnungen zu kümmern.

Programm-Manager und Controlling arbeiten kooperativ zusammen!

10.2.3 Firmenkonto

Für größere Firmen mit mehreren Teams und Projekten gilt zudem: Zeigt das Projektkonto die aktuellen Zahlen eines Projektes auf, so weist das Firmenkonto die Summe aller Projekte aggregiert und firmenweit aus. Was auf Projektebene funktioniert, funktioniert auch auf Firmenebene.

Das Firmenkonto zeigt entsprechend als Übersicht aller Projekte die Gesamtumsätze und Gesamt-OPOS. Zudem ermittelt es das insgesamt noch verfügbare Budget und zeigt damit auf, wie weit die Gesamtaufträge eines Unternehmens reichen — in Manntagen und Geldeinheiten.

10.3 Ratschläge und Weisheiten

- Ratschlag Nr. 1: Wer plant, erlebt weniger Überraschungen.

Im Projekt-Checking nimmt man sich Zeit, mögliche böse Überraschungen des Projektes im Vorfeld zu antizipieren und die entsprechenden Schwachstellen begleitend zum Projekt zu beobachten. Jeder kritische Termin wird im Maßnahmenplan mitgeführt und beobachtet, unabhängig davon, ob es ein Termin für den Dienstleister oder für den Kunden ist. Auf diesem Wege vermeidet man Unerwartetes, was Zeitverzögerungen produzieren und damit den Endtermin in Gefahr bringen könnte.

- Ratschlag Nr. 2: Ein zufriedener Kunde ist ein zahlender Kunde.

Viele Kunden sehen die Zurückhaltung von Zahlungen als ein probates Mittel, ihre Unzufriedenheit zu äußern. Auf Kundenseite ist das verständlich und nachvollziehbar. Auf Dienstleisterseite ein Problem. Das Controlling sollte daher neben den Zahlen ein ebenso großes Interesse daran haben, dass das Entwicklungsteam seinen Job gut machen kann. Es gilt: Liefert man pünktlich Software aus, dann gibt es für den Kunden keinen Grund, nicht zu zahlen — jedenfalls keinen, den man verhindern kann.

- Ratschlag Nr. 3: Eine Hand wäscht die andere.

Kein Kunde kauft gerne »die Katze im Sack«. Bevor er zahlt, will er die Software sehen und ausprobieren. Das sukzessive Ausliefern einer testfähigen Software ist dabei sehr förderlich. Frei nach dem Motto »Eine Hand wäscht die andere« kann das Controlling nach der pünktlichen und einwandfreien Auslieferung der Software die entsprechende Teilrechnung stellen. Der Kunde testet die Software, ist zufrieden und zahlt die Rechnung.

- Ratschlag Nr. 4: Good Guy — Bad Guy.

Für den Projekterfolg ist es wichtig, dass sich der Kunde gut fühlt. Das Entwicklungsteam und das Programm-Management sollten daher nicht, wie es das oft im klassischen IT-Bereich gibt, als Bedenkenträger und Skeptiker auftreten. Vielmehr geht es darum, aktiv Probleme zu lösen und neue Ideen zu entwickeln — also »Good guy«. Um dieser Stimmung keinen Abbruch zu tun, ist es daher ratsam, alle unangenehmen Jobs, wie Vertragsverhandlungen, Zahlungserinnerungen oder andere Forderungen kaufmännischer Art, aus dem Entwicklungsteam herauszuhalten. »That's the job of controlling.« Ich will jetzt nicht sagen: »Bad guy«, aber, wer sich professionell mit Zahlen beschäftigt, der sollte nicht am Stockholm-Syndrom[2] leiden.

---

2 Bei lang andauernden Geiselnahmen vergangener Jahre ist wiederholt das so genannte *Stockholm-Syndrom* beobachtet worden. Für Außenstehende auf den ersten Blick unverständlich, entwickeln die Opfer in der lebensbedrohlichen, als ausweglos empfundenen Situation Sympathie für die Täter oder solidarisieren sich sogar mit deren Zielen. Das Phänomen ging 1973 nach einem Banküberfall in der schwedischen Hauptstadt in die wissenschaftliche Literatur ein, als sich dort ein freundschaftliches Verhältnis zwischen Geiselnehmern und Opfern entwickelt hatte.

III Feature-based Programming-Techniken

11 Programmierung versus Modellierung

»Although the initial quality of a software design is important, software designs suffer more from lack of continuous care than they do from poor initial design. Lack of continuous care allows a good design to degrade over time, whereas a dedication to continuous care will correct a poor initial design.«

Das ist das Abstract eines Papers zum Thema *Continuous Care versus Inital Design*, in dem Robert C. Martin [12] die Gründe dafür abwägt, warum ein gutes technisches Modell einer Software von Beginn an zwar wichtig, es aber trotzdem viel wichtiger ist, das Modell ständig zu verbessern und sich intensiv darum zu kümmern.

Denn ein Modell, das zu Beginn richtig war, wird sich über die Laufzeit der Programmierung und mit wachsender Erfahrung garantiert verändern. Darum setzt Feature-based Programming vom Kern her auf das kontinuierliche Design im Team und die stetige Umsetzung von Design-Änderungen durch Refactoring-Techniken.

FBP verwendet einige XP-Praktiken. In vielen Punkten finde ich es jedoch schwierig, XP und andere agile Vorgehensweisen im kommerziellen Umfeld einer Firma einzusetzen. Ich nehme an, dass sich die XP-Praktiken hervorragend eignen, wenn man als Team- und Programmier-Coach zu einem unternehmensinternen Entwicklerteam hinzustößt und dort XP gemeinsam mit den Entwicklern in dem Projekt einführt. (Wenn ich mich nicht täusche, dann sind die meisten Agilisten freiberufliche Coaches und Programmierer.) Es ist schwieriger, das in einer Dienstleistungsfirma zu tun, in der mehrere Teams unabhängig voneinander gleichzeitig an verschiedenen Projekten arbeiten und daher eine übergreifende und — soweit es geht — einheitliche Struktur vorhanden sein muss.[1] Das ist etwas, was XP und andere agile Methoden eigentlich ablehnen.

Warum muss das sein? Nun, wenn jedes Team einen eigenen Design-Prozess bzw. eine Prozessvariation definiert, dann ist es sehr schwer, neue Teams zu mischen. Die Menschen müssen sich erst aufeinander einstellen. Das erzeugt Friktion. Darum ist es wichtig, für alle Teams die gleiche Hauptlinie zu verfolgen. Möglichst wenige Regeln, die aber dafür strikt und in allen Projekten einheitlich. Ein anderer Punkt ist, dass es für das Controlling schwer ist, einen Überblick über alle Projekte gleichzeitig zu erhalten, wenn jedes Projekt eine andere Mechanik hat. Und: Menschen sind nun einmal keine »Kooperations-Roboter«, die nur darauf warten, sich gegenseitig aufeinander einzustellen. Dafür braucht es ein wenig Hilfe. Und Struktur.

Ein Beispiel zur Verdeutlichung: Wenn nach einem Deployment immer ein Projekt-Checking stattfindet, dann können sowohl Programmierer als auch Manager sich darauf einstellen. Die Manager (Controller) fordern nicht zwischendurch weitere ad-hoc-Meetings ein. Dadurch werden die Entwickler entlastet. Die Entwickler wissen, dass sie sich genau einmal pro Release die Zahlen des Projektes mit den Controllern anschauen werden. (Ein zu erwartender Lerneffekt: Mit der Zeit gewöhnt man sich sowieso

1 Das merkt man aber erst, wenn man eine eigene Firma mit mehreren Teams hat.

daran, jeden Tag einmal kurz den aktuellen Zeitverbrauch des Projektes zu prüfen.) Man braucht auch nicht groß zu überlegen oder sich einen Termin zu merken: Projekt-Checking ist immer am Tag nach dem Deployment. Ich nehme an, es wird deutlich, welchen Vorteil dieses Vorgehen für eine Organisation mit mehreren gleichzeitigen Projekten hat?!

Wenn man XP so einsetzt, wie Kent Beck es beschreibt, dann kann dieses Vorgehen nicht mit XP realisiert werden. Das heißt aber nicht, dass man nicht einige nützliche Praktiken — vor allem wenn es um die Programmierung geht — für sich nutzen kann. Praktiken 11.1 bis 11.6 sind reine FBP-Praktiken. Die anderen sind von XP integriert.

11.1 Chinese Parliament

Für die Entwicklung braucht man zunächst ein initiales Design und dann einen Prozess der kontinuierlichen Verbesserung und Pflege. Beides muss im Team geschehen. Oft gibt es in Entwicklerteams das »Chief-Programmer-Syndrom«: Ein Programmierer hat die Oberhand, denkt sich alles allein aus und verteilt die Aufgaben an die anderen Teammitglieder. Er ist der Einzige mit dem Gesamtüberblick.

Egal, ob initiales Design oder kontinuierliche Design-Verbesserungen: Um im Team Software zu entwerfen, wird beim FBP das Chinese Parliament einberufen. Und das geht so:

Alle Teammitglieder treffen sich zu einem gemeinsamen Design-Meeting. Eine Idee für das initiale Design wird entweder vom Programm-Manager vorgestellt oder von demjenigen aus der Gruppe, der annimmt, einen guten Ansatz und eine intelligente Metapher für die Funktionsweise des zu entwickelnden Systems zu haben. Auf einem Blackboard werden die Komponenten, Klassen, Beziehungen etc. aufgemalt. Es ist nicht unbedingt wichtig, UML in der Version x.y.z zu verwenden. Die Diagramme sollen helfen, die Idee zu vermitteln. Das kann in manchen Fällen sogar ohne UML-Notation besser gehen. (Wenn man allerdings letztendlich Klassendiagramme entwirft, macht es Sinn, den allgemein akzeptierten Standard dafür zu verwenden.) Wichtig ist: Es wird immer nur so viel Design gemacht, wie zur Umsetzung der Features des aktuellen Releases erforderlich ist.

Nachdem die Idee erklärt ist, gibt der Reihe nach jeder seine Kommentare und Einschätzungen ab. Jeder, der im Team ist, darf seinen Einwand äußern oder die Idee unterstützen. Auch — und vor allem– neue und auch weniger erfahrene Kollegen. Jeder einzelne soll Schwachpunkte nennen, die er in dem Design sieht. Gemeinsam wird das Pro und Kontra abgewogen und schließlich daraus ein gemeinsames Design erstellt. Die z. B. jüngsten Mitglieder im Team erstellen eine informelle Beschreibung der erzielten Einigung, auf deren Basis dann die Implementierung erfolgt.

Jedes Teammitglied kann jetzt jederzeit ein Chinese Parliament einberufen. Es gibt drei Ereignisse, die zu einem Chinese Parliament nach dem initialen Design führen müssen:

1. Man merkt, dass etwas nicht wie geplant umgesetzt werden kann und dass das abgestimmte Design geändert werden muss.

2. In bestehendem Code, der im Zugriff von mehreren Entwicklern ist, muss eine strukturelle Änderung vorgenommen werden (z. B. wenn ein Interface erweitert oder eine Package-Schnittstelle vergrößert werden muss).
3. Um neue Features implementieren zu können, muss das Design erweitert werden.

Ein Chinese Parliament sollte nicht zu lange dauern. Es kann jedoch jederzeit einberufen werden. Wenn es keine Entscheidung zu einem Thema gibt, weil sich die Teammitglieder nicht einigen können, dann wird die Entscheidung vom Programm-Manager nach Abwägung aller Einschätzungen getroffen. So gibt es nie ein Entscheidungsvakuum. Wichtig ist, dass dies dann von allen akzeptiert wird.

Neben den Vorteilen einer kooperativen Arbeitsweise, können nicht so erfahrene Programmierer leichter und schneller von den Erfahrungen älterer Kollegen lernen. Gleichzeitig kann jedes Teammitglied seine eigenen Ideen im direkten Diskurs testen. Es entsteht als Seiteneffekt eine offene Diskussionskultur, die aber trotzdem von Führung und partizipativer Entscheidungskraft geprägt ist.

Im Chinese Parliament werden vor allem die Kernkonzepte einer Anwendung diskutiert. Das private Klassen-Design innerhalb eines Namespaces/Packages ist nicht unbedingt das Thema.

Alle Kernkonzepte, die so im Chinese Parliament diskutiert wurden, bilden natürlich gleichzeitig die Bestandteile des Systems, die in einer Systemdokumentation verewigt werden sollten. Das ist ein weiterer Nebeneffekt: Eine Systemdokumentation, die wirklich relevante Informationen enthält.

11.2 Package Design

Unter Programmierern ist es in vielen Fällen schwierig, eine gemeinsame Linie zu finden. Es ist meist leichter, sich darauf zu einigen, was schlecht ist, anstatt zu sagen, was gut ist. Ein gutes Beispiel für eine Chance zu einer gemeinsamen Meinung ist die Frage nach einem schlechten Package-(Paket)Design. Schlechtes Package Design zeichnet sich z. B. dadurch aus, dass

- abstrakte und konkrete Pakete ungeordnet voneinander abhängen,
- Pakete zirkuläre Beziehungen aufweisen,
- Pakete nach außen hin viele Schnittstellen haben,
- Pakete nach außen breite Schnittstellen haben,
- Pakete das Geheimnisprinzip unterlaufen, etc.

Meinungsunterschiede zu diesem Thema sind unwahrscheinlicher.

Es ist schwierig, gutes Software-Design zu fördern, weil es darüber unterschiedlichste, ja fast religiöse Meinungen gibt. Natürlich sorgt das Chinese Parliament schon dafür, dass

Refactoring gemacht wird, dass vielleicht von den erfahreneren Programmierern (oder vielleicht sogar im Gegenteil eher von den jüngeren Programmierern) Entwurfsmuster in die Diskussion zur Lösung von Standardproblemen eingebracht werden und dass die Kernkonzepte des Systems ständig verbessert und gepflegt werden.

Die Implementierung im Kleinen wird dadurch jedoch nicht gefördert. Schließlich können, dürfen und sollen nicht jedem Programmierer bis ins Detail Vorschriften gemacht werden, wie er welche Features zu implementieren hat. Um aber trotzdem Support geben zu können, hat es sich bewährt, das Package Design als »Kunstform« zu fördern. Aber: es muss einfach sein.

Dazu kann man im ersten Schritt zwei Grundlagen heranziehen und diese später erweitern: Auf der einen Seite sind das die *Five Rules* [14], auf der anderen Seite die Design-Metriken aus dem Paper *OO Design Quality Metrics* von Robert C. Martin [13].

Diese *Five Rules* sollten für modulare Designs beachtet werden:

- Direkte Abbildung (Direct Mapping)
- Wenige Schnittstellen (Few Interfaces)
- Kleine Schnittstellen (Small Interfaces)
- Explizite Schnittstellen (Explicit Interfaces)
- Geheimnisprinzip (Information Hiding)

Die Paket-Metriken in [13] bewerten den Grad der Erweiterbarkeit, Wiederverwendbarkeit und Wartbarkeit eines Entwurfs auf Paket-Ebene. Sie können z. B. durch eine Tool-Unterstützung[2] automatisiert berechnet werden. Die Ausgabe von JDepend ist jedoch nicht besonders komfortabel, weshalb ich eine Idee für ein Tool entwickelt habe, das Paket-Beziehungen visualisieren und in diesem Kontext auch die JDepends-Metriken in einem grafischen Paket-Graphen anzeigen kann.[3]

Wie sollte man nun diese Regeln auf das Paket-Design anwenden? Beim Programmieren versuche ich meist, mir die Paket-Struktur zu visualisieren, sie vielleicht auf einem Blatt Papier aufzuzeichnen und dabei im Überblick zu behalten, in welche Pakete welche neuen Klassen sinnvoll eingepasst werden können. Dabei versuche ich, mir u. a. die *Five Rules* und die Bedeutung der Paket-Metriken gegenwärtig zu halten.

Die Bewertung eines Paket-Designs ist zudem aus meiner Sicht eines der wenigen Dinge, bei denen ich annehme, dass man innerhalb eines Teams sinnvoll gegenseitige Code-Reviews durchführen kann. Ich hatte auch einmal mit dem Gedanken gespielt, Designs im Kleinen weiter zu verbessern, indem Code-Reviews durchgeführt werden. Ich habe diese Idee aber nach einer theoretischen Übung, bei der ich festlegen wollte, auf was bei einem Code-Review zu achten ist, in den Papierkorb geworfen.

---

2 JDepend, http://www.clarkware.com/software/JDepend.html.

3 Das Tool heißt *Dr. Freud* und wird zum Erscheinen dieses Buches unter http://www.freiheit.com/technologies/download zum Herunterladen bereitstehen.

Nun, mit Hilfe von *Dr. Freud* ist jeder in einem Entwicklungsteam in der Lage, ad hoc durch die Visualisierung der Paket-Struktur Designs im Kleinen besser beurteilen und diskutieren zu können. Manuell wäre dies zwar auch möglich, aber wahrscheinlich zu aufwändig.

11.3 Automatische Dokumentation

Kein Programmierer dokumentiert gerne seine Arbeit. Wenn die Dokumentation jedoch möglichst nah am Code erfolgt, kann daraus eine automatische Dokumentation erstellt werden. Ein sehr gutes Beispiel dafür ist Javadoc. Mittlerweile gibt es Javadoc-ähnliche Implementierungen für sehr viele Programmiersprachen. Javadoc hat im Java-Bereich zumindest zu weltweit besserer In-Code-Dokumentation geführt. Wie aber dokumentiert man den Rest? Der Rest, das sind die Kernkonzepte der Software und alle anderen Code-nahen Elemente, wie z. B. Konfigurationsdateien und Datenbank-Skripte.

Viele Standard-Konfigurationsdateien enthalten bereits Description-Elemente, die nur noch ausgefüllt werden müssen. Nur: Das reicht sicher nicht als Systemdokumentation aus. Automatische Dokumentation besteht immer aus zwei Teilen: Zum einen benötigt man eine Definition, welche Teile aus dem Code, Konfigurationsdateien etc. in die Dokumentation übernommen werden sollen. Zum anderen braucht man ein Programm, mit dem diese Teile zusammengestellt werden können, sodass eine zusammenhängende Dokumentation generiert werden kann.

Mir ist in Software-Projekten aufgefallen, dass die Dokumentation an sich nicht das Problem ist, sondern eher die handwerkliche Erstellung bzw. wiederholte Erweiterung der Dokumentation. Dazu wird meist eine Textverarbeitung wie Word oder eine Software wie FrameMaker verwendet. Die Dokumentation zu schreiben, erfordert eine gewisse Disziplin. Man muss sich die Software anschauen und alle Informationen in die Dokumentation zusammenkopieren und zusätzliche Texte schreiben, die die einzelnen Teile verbindet.

Wenn eine neue Version der Software veröffentlicht wird, muss man die komplette Dokumentation lesen und überarbeiten, was oft einer kompletten Neuerstellung gleichkommt. Vor allem dieser Redaktionsprozess ist es, was eine Dokumentation aufwändig macht. Und darum macht das niemand wirklich gerne. Daraus resultieren dann nichtaktuelle, ungenaue Dokumentationen, die nicht den wirklichen Stand der Software beschreiben und so nicht dem ursprünglichen Zweck einer Systemdokumentation dienen.

Wir haben für eine Reihe von Java-basierten Anwendungsfällen definiert, aus welchen Konfigurationsdateien (web.xml, build.xml etc.) welche Teile (Description Tags etc.) zur Dokumentation genutzt werden sollen. Eine Eigenentwicklung, ein spezielles Programm mit dem Namen *DocOctopus*, wird zur Generierung der Dokumentation eingesetzt. Ein Beispiel ist: Aus dem build.xml werden alle im Compile-Task genutzten Bibliotheken (Jar-Files) extrahiert und *DocOctopus* stellt für jedes Jar-File eine Anfrage an das CVS, denn dort sind alle Jar-Files aus der Entwicklung eingecheckt und mit einem Kommentartext versehen abgelegt. In der Dokumentation erscheint dann automatisch eine Tabelle aller genutzten Bibliotheken mit einem Kommentartext zu deren Bedeutung. Zusätzlich können weitere Texte (HTML und Plaintext) und Bilder in die Generierung mit einbezogen werden. Diese beschreiben z. B. übergreifende Kernkonzepte der Software (wie bereits erwähnt, sind dies meist die Themen, die in den Chinese Parliament-Sessions besprochen wurden). Die Generierung ist in einen ant-Task ausgelagert, sodass zu jedem Deployment eine neue Dokumentation mit ausgeliefert werden kann. Eine Faustregel ist, spätestens nach der Hälfte der geplanten Releases mit der *DocOctopus*-Dokumentation zu beginnen und ab dann diese generierte Dokumenation mit dem Deloyment an den Kunden auszuliefern. Mit dem Feedback des Kunden kann diese Dokumenation dann verfeinert und verbessert werden. Und: Der gleiche Mechanismus kann auch für die Generierung von Benutzerdokumentationen eingesetzt werden. Das Ergebnis ist eine relevante, aktuelle Dokumentation. Eines lässt sich jedoch nicht automatisieren: Die Inhalte müssen trotzdem von den Programmierern sorgfältig und vollständig geschrieben und gepflegt werden. Sollte man mal etwas vergessen haben, dann erinnert *DocOctopus* einen daran. Ist beispielsweise ein Description-Tag nicht ausgefüllt, dann wird stattdessen eine Warnung mit roter Schrift in die Dokumentation hineingeneriert.

11.4 Before-Code-Reviews

Bevor im Projekt mit der Programmierung begonnen wird, erklärt das Projektteam in einer Präsentation vor Teams aus anderen Projekten die generelle Architektur (und damit auch die System Metaphor), die Feature-Liste und den Release-Plan. Das hat zwei Effekte: Das Projektteam muss zur Präsentation zeigen, dass es das Problem voll durchdacht hat. Sonst wird man vor den eigenen Kollegen schnell »durchfallen«. Und: Alle Anwesenden können die Ideen und die Planung hinterfragen und Anmerkungen machen, die vom Projektteam noch mit in die Konzeption aufgenommen werden können (aber nicht müssen).

Zudem entsteht ein Lerneffekt in der Organisation, weil neue Kollegen immer wieder Ideen und Planungen aus anderen Projekten präsentiert bekommen. Das Wissen der Gemeinschaft wächst.

Ein Kernpunkt ist die Präsentation der Actions-on-Planung: Das Team zeigt auf, welche Probleme zu erwarten und welche Maßnahmen und Verantwortlichkeiten geplant sind, um die möglichen Probleme aktiv im Vorfeld auszuschalten.

11.5 After-Code-Reviews

Am Ende einer Entwicklung führt das Projektteam den Kollegen aus anderen Projekten die fertige Anwendung vor. Es ist auch möglich, besondere Teile im Code vorzuführen und auf Komponenten hinzuweisen, die eventuell in anderen Projekten wieder genutzt werden können.

Der Kern ist aber eine Gegenüberstellung der zu Beginn des Projektes geplanten Actions-on mit den »Dramen« und Problemen, die wirklich aufgetreten sind und wie diese dann gelöst/behandelt wurden.

Jeder weiß: Aus Fehlern lernt man. Nur sollte vielleicht nicht jeder alle Fehler machen müssen. After-Code-Reviews sind also eine Art Abkürzung des Lernweges.

11.6 Infosionen

Wie verbreitet man neue Ideen, Technologien und Erfahrungen in einer Organisation? Meistens wohl, indem jemand den Mut hat, etwas Neues in einem Projekt auszuprobieren und mit Kollegen darüber diskutiert.

Um diesen Vorgang zu fördern, helfen »Infosionen« und das geht so: Bei uns beginnt jede Woche mit der so genannten Montagsrunde, in der alle Kolleginnen und Kollegen die Termine der kommenden Woche besprechen. Im Rahmen der Montagsrunde wird eine »Infosion« präsentiert. Das ist ein 15-Minuten-Vortrag zu einem technischen oder organisatorischen Thema, der zudem schriftlich ausgearbeitet ist. Es gibt Themen mit einer kurzen Halbwertszeit, die eine bestimmte Technologie behandeln (z. B. »Konfiguration von mod_jk für das Load-Balancing von WebApplications«) und Themen mit einer längeren Halbwertszeit (z. B. »Einsatz von Java-Generics«). Beide haben ihre Berechtigung und dienen dem Wissenstransfer. (Wir legen die Infosionsdokumente als PDFs ins Intranet, sodass neue Kollegen sich dort einlesen können.) Schöner Nebeneffekt: Weil jeder mal eine »Infosion« macht, bekommt jeder auch eine natürliche Übung für die knappe, auf den Punkt gebrachte Präsentation von technischen Inhalten.

11.7 Planning Game

Nur der Vollständigkeit halber: Das XP Planning Game und die Feature- und Release-Planung im FBP unterscheiden sich in zwei wesentlichen Punkten.

Erstens: Im FBP setzt man sich das Ziel, eine nach bestem Wissen und Gewissen vollständige Feature-Liste zu erstellen, bevor mit der Programmierung begonnen wird. Im XP soll vor allem die jeweils nächste Iteration (FBP: Release) geplant werden. XP sagt zwar auch, dass weitere Iterationen vorgeplant werden können, diese aber möglichst nicht so detailliert — vielleicht nur als Aufzählungsliste von User-Stories.

Zweitens: Features sind kleiner und granularer als XP User-Stories. Features werden nicht weiter in Tasks zerlegt. Ganz prinzipiell formuliert entsprechen Features daher eher den einzelnen Tasks einer User-Story als der User-Story selbst. Und: Im FBP wird ein kompletter Plan aller Features nach bestem Wissen und Gewissen erstellt und dann unterwegs verfeinert und weiterentwickelt. Die Erfahrung hat gezeigt: Die meisten sorgfältig erstellten Feature-Listen divergieren am Ende gar nicht so weit vom ursprünglichen Plan.

Kent Beck empfiehlt für die Planung, die Stories auf Karteikarten zu schreiben. Wir haben auch so angefangen und das hat auch recht gut funktioniert. Oft möchte man aber eine Liste aller Features erstellen und auch dem Kunden schicken, vielleicht diese Liste auch für einen Vertrag nutzen (was mit kopierten Karteikarten nicht so richtig gut gelingt), Features ändern, verschieben, gemeinsam nutzen, mit sich herumtragen, an einem anderen Ort weiter darüber nachdenken usw.

Kurzum: Features direkt in ein System einzugeben und dort zu verwalten, spart Zeit und sorgt dafür, dass alles — weil es so einfach ist — auch immer auf dem aktuellen Stand ist. Eine einfache Version eines solchen Systems zu bauen, ist sehr einfach und die Zeit, die man für die Entwicklung aufwendet, holt man später in einem Projekt schnell wieder auf.

Wenn man das System dann auch noch nutzt, um die Zeit zu erfassen, die auf jedem Feature verbraucht wurde, dann erhält man in kurzer Zeit eine Wissensbasis, auf der sich für weitere Projekte recht gut nachvollziehen lässt, mit welchem Aufwand ein Feature geplant war und wie viel Zeit wirklich gebraucht wurde. Natürlich lassen sich Schätzungen nicht 1:1 auf neue Umgebungen und Probleme übertragen. Dennoch ist es besser, über eine solche Wissensbasis zu verfügen, anstatt immer wieder aus der Erinnerung die eigenen Erfahrungen zu bemühen.

Zudem kann man täglich die verbrauchte Zeit überprüfen, was die wichtigste Voraussetzung ist, mögliche Zeitprobleme frühzeitig zu entdecken und situativ nachsteuern zu können.

11.8 Continuous Integration

Mehrmals täglich stabilen Code einzuchecken und immer wieder zu integrieren ist wichtig. Dafür ist ein einheitliches Build-Management erforderlich. Schön ist auch, wenn man ein komplettes Software-Projekt immer auch auf einem einzelnen Entwicklungsrechner zum Laufen bringen kann.

11.9 Small Releases

FBP setzt seinen Schwerpunkt darauf, kurze Release-Zyklen mit einer garantierten Auslieferung an den Kunden einzuhalten. »Kurz« ist aber auch eine Frage der Perspektive. Ich denke, dass alles, was über drei Wochen geht, als lang zu bezeichnen ist. Jedoch muss man auch Projekte betrachten, bei denen es möglicherweise schon zwei Tage dauert, eine neue Version der Software zu kompilieren. Für solche Projekte gelten andere Regeln. Ich halte es für wahrscheinlich, dass die Mehrzahl der Projekte mit Release-Zyklen von ein bis drei Wochen arbeiten können. Eine Erfahrungsgeschichte: Als wir zuerst mit sehr kurzen Release-Zyklen experimentierten, dauerte bei einem Kunden die Installation einer Zwischenversion fast einen ganzen Tag. Wir haben dann systematisch an unserem Build-Management und der Integrationsstrategie gearbeitet und sind schließlich bei einem Turnaround von etwa 20 Minuten angekommen. Die Installation war also nicht schwierig, sondern nur nicht-hinreichend zuverlässig und automatisiert. Es war eine Frage der Ordnung und keine Frage der Zeit. Kurze Release-Zyklen erfordern auch kurze Installationszeiten.

11.10 System Metaphor

Die prinzipielle Funktionsweise einer Anwendung muss mit wenigen Sätzen und bildhaften Vergleichen erklärt werden können. Wenn eine Anwendung aus Komponenten zusammengesetzt wird, kann dieses Prinzip auch auf die einzelnen Komponenten angewendet werden. Es ist aber nicht besonders praktisch, sich hinzusetzen und zu sagen: »Lasst uns mal eine Metapher für unsere Anwendung erfinden.« Generell ist es eine Kunst, schwierige Dinge bildhaft darstellen zu können. Besonders hilfreich ist es, wenn man diese Idee auch noch mit Hilfe einer einfachen Zeichnung erklären kann. In der Entwicklung muss man jeden Tag Konzepte mit ein paar Zeichenstrichen erklären. Leider lernt man das nicht im Studium.

11.11 Refactoring

Zu Refactoring braucht man eigentlich nichts mehr zu sagen. Generell gehe ich auch in diesem Teil des Buches nicht tiefer auf spezifische Programmiertechniken ein, weil andere Autoren das schon getan haben [16]. Refactoring ist sicher eine der Standard-Techniken in allen modernen Software-Entwicklungsprozessen.

Ich nutze Refactoring mit Design Patterns, ähnlich wie es in [15] beschrieben ist:

1. Welche Klassen benötige ich, um das vor mir liegende Feature zu implementieren?
2. Kann ich bei der Implementierung bekannte Design Patterns anwenden?
3. Nimm das nächste Feature und gehe zu Schritt 1.

Der Aufwand für das Refactoring sollte zunächst immer einem bestimmten Feature zugeordnet werden. Trotzdem gibt es oft Refactoring-Aufwände, die global für eine Anwendung gelten. Oft muss man dafür ein separates Feature definieren. Das widerspricht zwar zum einen dem Grundansatz einer Feature-Liste, weil plötzlich ein Feature auftaucht, das der Kunde nicht sehen und testen kann. Zum anderen unterstützt das aber auch den Punkt, dass nur an den Dingen gearbeitet wird, für die es auch ein Feature gibt. Empfehlenswert ist es manchmal, ein Extra-Budget für Refactoring einzuplanen. Dies kann aber auch dazu führen, dass diese Refactoring-Features als »Kitchen-Sink« (also als universeller Ablageort für Aufwände, die man nicht geplant hat) genutzt werden. Eigentlich sollte Refactoring aber ein Prozess sein, der während der gesamten Anwendungsentwicklung zum Tragen kommt. Ausnahmen bestätigen die Regeln.

Uups. Ich habe das Testen vergessen?! Das bringt uns zur nächsten Praktik.

11.12 Test-before-Code

Alle Programmierer, die ich kenne, haben es ernsthaft versucht, aber keiner verfolgt das täglich so strikt, wie es immer in den Büchern und auf den Konferenzen propagiert wird. Gemeint ist: Test-before-Code mit xUnit-Tests. Auch dieses Thema möchte ich nicht weiter vertiefen, weil andere dazu schon exzellente Bücher geschrieben haben, wie z. B.

[2], die einem immer wieder aufs Neue Lust machen, die eigene Test-Strategie wieder zu verschärfen.

Durchgesetzt hat es sich bei mir für alle kritischen Features, vor allem für numerische Tests und für den Test von Subsystem-Schnittstellen auf Paket-Ebene. Weniger nachvollziehen kann ich die Ansätze, bei denen JUnit-Tests auch für die Prüfung von grafischen Oberflächen und sogar von generiertem HTML-Code eingesetzt werden.

11.13 Collective Ownership

Das ist ein heikles Thema. Die meisten Programmierer, die ich kenne, mögen es nicht, wenn andere in ihrem Code Änderungen vornehmen. Einschließlich meiner selbst. Trotzdem ist dies für eine effektive Zusammenarbeit erforderlich: Solange man sich darauf verlassen kann, dass Kernkonzepte und Schnittstellen im eigenen Code nicht geändert werden, ohne dass zuvor in einem Chinese Parliament eine gemeinsame Lösung verabschiedet wurde, ist das auch möglich. Ich nehme an, dass Collective Ownership am besten in Kombination mit Chinese Parliament funktioniert.

11.14 Coding Standards

Im Java-Bereich haben sich Coding-Standards bereits durchgesetzt. Wie wichtig das ist, sieht man, wenn man fremde C++- oder Python-Bibliotheken benutzt. Besonders »schmerzhaft« sind stark unterschiedliche Methoden-Signaturen. Man sollte aber auch nicht zu kleinlich werden. Es gibt Dinge im Kleinen, Paket-interne Dinge, die nicht wirklich standardisiert werden müssen. Ist es wichtig, ob eine Member-Variable mit einem Unterstrich oder mit »m_« beginnt? Muss das wirklich standardisiert werden, solange man die Intention erkennt? Es gibt unterschiedliche Stile. Jemand, der viele Jahre C++ programmiert hat und in einem Java-Team arbeitet, hat einen anderen Stil als jemand, der Java als erste Sprache auf der Universität gelernt hat. Einen Fehler sollte man jedoch nicht machen: Coding-Standards von jemandem entwickeln zu lassen, der selbst nicht (mit-)programmiert.

11.15 40-Hour Week

Dauerhaft sein Leben im Büro zu verbringen, führt zum Burn-Out. 40-hour week muss das Ziel sein. Es gibt aber zwei Extreme, die nicht vernachlässigt werden dürfen. Erstens: Ich selbst glaube nicht an Gleitzeitmodelle. Wenn jedes Teammitglied eigene Bürozeiten verwirklicht, dann ist es sehr schwer, möglichst reibungslos zusammenzuarbeiten. Gleitzeit erzeugt unnötige Friktion und verschiebt die Bürozeit möglicherweise weiter in den Abend hinein, wenn man morgens später beginnt. Am einfachsten ist es, wenn alle morgens zur gleichen Zeit beginnen. Zweitens: Vor Release-Terminen kann es immer vorkommen, dass Überstunden erforderlich werden. 40-hour week darf nicht dazu führen, dass man kurz vor dem Ziel aufgibt und einen Release-Termin platzen lässt.

Software-Entwicklung ist ein Termingeschäft. Wer nicht gezielt auf Termine hinarbeiten kann, der hat sich aus meiner Sicht für den falschen Beruf entschieden. 40-hour week heißt für mich, gemeinsam morgens immer pünktlich zu beginnen und auch vor Nachtschichten nicht zurückzuschrecken, um einen Release-Termin einzuhalten. Das bedeutet nicht, immer Überstunden zu machen!

11.16 On-site Customer

Praktisch war das bisher in keinem meiner Projekte in den letzten Jahren realisierbar. Mitarbeiter auf Kundenseite haben oft auch noch weitere Aufgaben und können sich nicht nur auf ein Projekt konzentrieren. Uns hat es bisher gereicht, wenn der Kunde die Tage für sein Test-Feedback verbindlich einplanen konnte, mindestens eine persönliche Projektroutine pro Woche stattfinden kann und der Kunde für fachliche Fragen jederzeit mit Priorität ansprechbar ist.

11.17 Simple Design

Für die Realisierung der aktuell anstehenden Features wird das einfachste, mögliche Design gewählt. Diese Praktik ist im Chinese Parliament (siehe 11.1) enthalten.

11.18 Pair Programming

Pair Programming entsteht spontan bei schwierigen Code-Teilen und ist dann sehr sinnvoll. Obwohl es eine Reihe von Studien gibt, die dieses Thema beleuchten und die auch angebliche Produktivitätsvorteile herausgearbeitet haben, hat sich das tägliche Programmieren zu Zweit bei uns nicht durchgesetzt. In Organisationen, in denen sehr unterschiedliche Ausbildungs- und Erfahrungsniveaus bestehen, bietet sich diese Praktik allerdings sehr wohl an, um die Ausbildung und Einführung neuer Mitarbeiter zu verbessern und Wissen über das ganze Entwicklerteam gleichmäßig zu verteilen.

IV Feature-based Programming Teams

12 Kooperation statt Kontrolle

12.1 Der kulturelle Status quo

Arbeit ist befriedigend, wenn sie abwechslungsreich ist und ein selbstbestimmtes Handeln möglich ist. Klassische Unternehmensstrukturen sind nach dem hierarchischen Kontrollprinzip aufgebaut: Vom Management an der Spitze der Hierarchie-Pyramide werden Aufgaben an die jeweils nächste Management-Hierarchieebene heruntergereicht, bis die Aufgaben schließlich diejenigen erreichen, die sie umsetzen müssen. Das Management und vor allem die direkten Vorgesetzten prüfen dann regelmäßig nach, ob die Aufgaben erfüllt wurden. Das System basiert auf der Delegation von Aufgaben und Kontrolle über die Aufgabenerfüllung.

Die Nachprüfung der Aufgabenerfüllung kann unterschiedliche Formen annehmen. Entweder geht der Chef durchs Büro und fragt den Projektleiter (oder sogar die Programmierer) nach dem Stand der Umsetzung. Im ersten Fall fragt dann der Projektleiter die Programmierer in seinem Team, damit er seinem Chef einen aktuellen Status präsentieren kann (Hierarchie-Prinzip). Oder es werden Meetings anberaumt, auf denen der aktuelle Status präsentiert werden muss. Besonders in kritischen Situationen kann da ein Meeting (ad hoc) das andere jagen, was weiterhin das Zeitbudget des Projektes beeinträchtigt. Außerdem kann eine hierarchische, auf Kontrolle basierende Organisationsstruktur in einem Software-Projekt die schlechteste und am weitesten verbreitete Eigenschaft von uns Programmierern fördern: Die Unzuverlässigkeit.

Klingt pauschal und nach einem Vorurteil? Programmierer werden im englischsprachigen Raum (und mittlerweile auch in Deutschland) eher abfällig »Nerds« genannt. Das *New Hacker's Dictionary* ([9]) definiert einen »Nerd« wie folgt:

> 1. [mainstream slang] Pejorative applied to anyone with an above-average IQ and few gifts at small talk and ordinary social rituals. 2. [jargon] Term of praise applied (in conscious ironic reference to sense 1) to someone who knows what's really important and interesting and doesn't care to be distracted by trivial chatter and silly status games.

Nerds beschäftigen sich lieber mit den Dingen, die *sie* für wichtig halten. Und dazu gehören nicht unbedingt Spezifikationsdokumente, formale Change-Requests, Systemdokumentationen, Dokumente für den Kunden etc. Daraus ist wahrscheinlich der Bedarf entstanden, Programmierer (ich verwende das jetzt synonym zum Begriff »Nerd«) durch betriebswirtschaftlich-orientierte, nicht-technische Projektleiter kontrollieren und steuern zu lassen. Diese werden im englischsprachigen Raum (und ebenso mittlerweile in Deutschland/Europa) als »Suits« bezeichnet. Auch dafür gibt es im *New Hacker's Dictionary* eine Definition:

> *1. Ugly and uncomfortable 'business clothing' often worn by non-hackers. Invariably worn with a 'tie', a strangulation device that partially cuts off the blood supply to the brain. It is thought that this explains much about the behavior of*

suit-wearers. Compare droid. 2. A person who habitually wears suits, as distinct from a techie or hacker.[1]

Natürlich erzeugen diese Beschreibungen ein Lächeln. Was das Ganze kulturell besonders interessant macht, ist die Tatsache, dass diese Definitionen ursprünglich aus dem *Jargon File* stammen, das im Jahre 1975 angelegt wurde und aus dem schließlich im Jahre 1983 das Buch *New Hacker's Dictionary* entstanden ist.

Wer über kollaborative Wertesysteme und Kooperation in Organisationen spricht, muss diese Bestandteile der Computer-Kultur der letzten dreißig Jahre mit berücksichtigen. Die Kluft zwischen Managern/Projektleitern (»Suits«) und Programmierern (»Nerds«) existiert. Sie beginnt bereits in der Schule (Wer belegt Mathe-/Physik-Leistungskurse?) und setzt sich an der Universität weiter fort (Wer studiert Informatik, wer Betiebswirtschaft?). Wer den Test machen möchte, der braucht nur in seinem privaten Umfeld verschiedene Menschen fragen, wie sie sich einen typischen Programmierer und einen typischen Manager vorstellen. Wahrscheinlich ist, dass alle Personen für beide Spezies ein sehr ähnliches, oft fast vollständig übereinstimmendes Bild zeichnen werden.

Im Unternehmen kommt es dann zum Showdown: Nicht-Programmierer erzählen Programmierern, wie sie Software entwickeln sollen[2]. Die Manager machen die Pläne und die Spezifikationen. Und wenn man den Herstellern von Modellierungs-Tools glaubt, dann machen Manager bald auch die Software-Designs. Die Programmierer füllen nur noch die freien Plätze im generierten Programm-Code auf.

Auf dieser Basis lässt sich nach meiner Erfahrung keine Kooperation und Kollaboration aufbauen. Was ist zu ändern? Als erster Schritt sollten die Verantwortungsbereiche fachlich getrennt werden:

1. Produktverantwortung: Die Programmierer kümmern sich um das Produkt und seine Herstellung. Sie sind für die Analyse, Spezifikation, Umsetzung und das Projekt-Management verantwortlich. Das Ziel der Programmierer ist: Ein hochwertiges Produkt pünktlich und budgettreu auszuliefern. Somit trägt der Programmierer auch

---

1 Für alle, die mit der Bezeichnung »Hacker« immer noch kriminelle Attribute verbinden, folgt die klassische Definition:
hacker.
[originally, someone who makes furniture with an axe] 1. A person who enjoys exploring the details of programmable systems and how to stretch their capabilities, as opposed to most users, who prefer to learn only the minimum necessary. 2. One who programs enthusiastically (even obsessively) or who enjoys programming rather than just theorizing about programming. 3. A person capable of appreciating hack value. 4. A person who is good at programming quickly. 5. An expert at a particular program, or one who frequently does work using it or on it; as in 'a Unix hacker'. (Definitions 1 through 5 are correlated, and people who fit them congregate.) 6. An expert or enthusiast of any kind. One might be an astronomy hacker, for example. 7. One who enjoys the intellectual challenge of creatively overcoming or circumventing limitations. 8. [deprecated] A malicious meddler who tries to discover sensitive information by poking around. Hence 'password hacker', 'network hacker'. The correct term for this sense is cracker.

2 Humorvoller Einschub: In einem Song des afro-amerikanischen Rappers Ice-T gibt es eine Passage, in der er singt, dass die Musikproduzenten ständig versuchen, ihm zu sagen, was ein guter Song ist. Er beendet dann den Reim mit dem Satz: »That is like me telling Johnny Cash how to sing about his horse.« (Johnny Cash singt Country Music, die einen diametralen Gegensatz zur großstädtischen Rap-Ghetto-Kultur darstellt: Im Ghetto reitet man nicht auf Pferden.)

eine kaufmännische Verantwortung, den kalkulierten Preis des Projektes einzuhalten.[3]

2. Zahlenverantwortung: Die Manager sind für die Zahlen (Projekt-Controlling etc.) und die kaufmännische Abwicklung (Kostentransparenz, Umsatz- und Gewinnmessung etc.) des Projektes verantwortlich. Die Manager machen nicht die Zahlen. Sie erheben sie nur, werten sie aus und diskutieren sie mit den Programmierern. Die Zahlen entstehen durch die Projektarbeit. Das Ziel der Manager ist: Aktuelle Zahlen, mit denen die Kosten (in Dienstleistungsunternehmen auch Umsatz und Gewinn) eines Projektes jederzeit bewertet werden können. Diese Zahlen ändern sich ständig während der Projektlaufzeit. In gemeinsamen Meetings (im Projekt-Checking, immer einen Tag nach dem Deployment) werden die Plan- und Ist-Zahlen diskutiert und zur restlichen Projektlaufzeit in Perspektive gesetzt.

Damit sind die Fachgebiete getrennt. Keiner redet dem anderen rein. Jeder respektiert den anderen auf seinem Fachgebiet. Für die erfolgreiche Umsetzung müssen zwei Vorbedingungen erfüllt sein:

1. Nicht-technische Aufgaben (Projekt-Management etc.) und Programmierung werden von den Programmierern als gleich wichtig betrachtet.
2. Die Manager sind Sparrings-Partner[4] für die Programmierer, wenn es um die zahlenorientierte Betrachtung des Projektes geht. Das Controlling soll wertungsfrei Probleme offenlegen, die sich aus den Zahlen ergeben. Controlling dient nicht der Überwachung, sondern der Steuerung.

Auf dieser Basis haben wir sehr gute Erfahrungen in der Zusammenarbeit zwischen Managern und Programmierern gemacht. Wir wissen, dass die Bewertung und Beobachtung von Projekten sehr wichtig ist, wenn man profitabel arbeiten will. In einem Schach-Buch habe ich einmal einen Satz gelesen, der deutlich macht, was ich meine: »Information ist die Mutter der Intuition.«

12.2 Das Ideal der kooperativen Organisation

Ich habe mich bewusst nicht mit der umfangreichen theoretischen Literatur zum Thema Organisationsentwicklung befasst. Ich möchte hier auch nicht den Stand der wissen-

3 Meiner Ansicht nach ist die Trennung von technischer Verantwortung und kaufmännischer Verantwortung ein Fehler. Nur wenn man für beides gleichermaßen verantwortlich ist, hat man auch die Motivation, Aufwand und Ziel in Einklang zu halten. Deutlich ist mir dies vor allem in der eigenen Firma geworden: Als Programmierer und Unternehmer muss man sich auf der einen Seite darum kümmern, ein erstklassiges Produkt auszuliefern. Auf der anderen Seite muss man aber auch dafür sorgen, dass ein Projekt Gewinn abwirft. Gleichzeitig darf man aber auch nicht die Technik- und Detailverliebheit verlieren, denn die macht am Ende ein Produkt zu etwas Besonderem. Diesen Spagat kriegt man am besten hin, wenn man beide Seiten selbst abwägen kann.

4 Wie beim Boxen trainiert man mit einem Sparrings-Partner, um Schwachstellen aufzudecken und die eigene Technik zu verbessern. Der Sparrings-Partner soll eine realistische Kampfsituation simulieren. Es ist aber ein Trainingkampf, bei dem es nicht darum geht, den anderen KO zu schlagen. Bildlich gesprochen.

schaftlichen Erkenntnisse in diesem Bereich reproduzieren, sondern ein paar eigene Erfahrungen einbringen.

Viele Menschen sehen selbstbestimmtes Handeln als eine wichtige Grundlage für Arbeitszufriedenheit. Viele Menschen empfinden jedoch auch das Gegenteil: Es gefällt ihnen besser, genau gesagt zu bekommen, was zu tun ist. Was ein Mensch bevorzugt, ist zu einem kleinen Teil wahrscheinlich genetisch vorbestimmt und zu einem anderen Teil eine Frage der Erziehung und des sozialen Umfelds. Da ich annehme, dass wir an keinem Ort der Welt eine homogene Gruppe von Menschen vorfinden werden, die alle unbedingt selbstbestimmt Handeln wollen, kann man sich bei der Organisation von Software-Entwicklungsprozessen auch nicht allein auf kollaborative Wertesysteme verlassen.

Ein weiterer Punkt ist: Kooperation und Kollaboration erfordern meiner Meinung nach weit mehr Disziplin als eine kontrollbasierte Organisationsform. Zum einen müssen sich alle Mitglieder einer kooperativen Organisation freiwillig einem gemeinsamen Ziel unterordnen. Kooperation bedeutet dann, Aufgaben untereinander aufzuteilen, selbstständig zu lösen und gemeinsam mit anderen das große Ganze zusammenzufügen. Das ist viel schwieriger als Aufgabendelegation und Kontrolle.

Kooperatives Handeln erfordert Zuverlässigkeit. Wenn man in einer Gruppe kooperativ an einem Ergebnis arbeitet, dann muss jedes einzelne Teammitglied seine Aufgabe wie gemeinsam abgestimmt erfüllen. Sollte es nicht möglich sein, die Aufgabe so zu erledigen, so muss sich derjenige selbst darum kümmern, dass die Gruppe davon erfährt und gemeinsam einen neuen Plan aushandelt. Wenn ein Teammitglied seine Aufgaben aus irgendeinem Grund nicht erfüllt, dann wird das Gesamtergebnis in Frage gestellt. Wenn andere auf diese Arbeit aufbauen müssen, dann wird die persönliche Freiheit und Selbstbestimmung derjenigen dadurch eingeschränkt. Wer kooperiert lange mit jemandem, auf den man sich nicht verlassen kann? Wer hat Lust, immer zu fragen: »Ist das schon fertig? Wie weit bist Du?«

Daran sieht man: Wenn Kooperation funktioniert, macht das Arbeiten mehr Spaß! Wie wundervoll kann die Welt sein, wenn jeder selbstständig seine Arbeit macht und sich bei Problemen von selbst mit dem Rest der Gruppe synchronisiert!

Ich habe mit einer kooperativen Organisation in der Praxis sehr gute Erfahrungen gemacht. Sie fordert jedoch von jedem Teammitglied eine starke Selbstbindung an gemeinsame Ziele.

13 Wissen ist Macht: Die Erfahrungsstufen

Damit Programmierer systematisch die Projekt-Management-Fähigkeiten[1] im Sinne des Feature-based Programming aufbauen können, ist eine Einstufung erforderlich, auf deren Basis ein Programmierer gecoached werden kann. Es empfiehlt sich nicht, jemanden einzustellen und direkt z. B. zum Programm-Manager zu »machen«, egal welche Erfahrungen jemand vorweisen kann. Jeder sollte sich den Respekt des Teams verdienen, zunächst die FBP-Praktiken und -Prozeduren verinnerlichen und dann durch Erfahrung und Befähigung neue Aufgaben mit wachsender Verantwortung übernehmen.

13.1 Programmierung

Die erste Erfahrungstufe ist die Programmierung. Wer in einem FBP-Projekt oder einer FBP-Firma anfängt, sollte bereits umfangreiche Programmiererfahrungen im Studium und möglichst auch schon davor gesammelt haben. Wer erst mit seinem ersten Job das Programmieren lernt, kann die fehlende Grunderfahrung kaum noch aufholen. Zudem ist es ein Risiko, mit jemandem in einem kommerziellen Projekt zu arbeiten, der noch üben muss. Wieder das Mediziner-Beispiel: Ein Chirurg bringt sich auch nicht zu Hause die notwendigen Kniffe bei, besucht in der Volkshochschule den Anatomiekurs, bewirbt sich dann im Krankenhaus und darf am ersten Arbeitstag eine Herztransplantation vornehmen. Wer Software machen will, muss einfach einen langen Weg gehen. Und dafür sollte man möglichst früh gestartet sein.

Ein Programmierer arbeitet in einem Projekt für ein oder mehrere Modul-Manager. In Abstimmung mit den Modul-Managern bekommt er Features zur Realisierung zugeordnet. Er schätzt den Aufwand selbst. Der Modul-Manager hilft dabei mit seiner Erfahrung. Das Ziel für den Programmierer ist, diese Features zuverlässig bis zum nächsten Release zu implementieren, zu testen und auszuliefern. Daneben lernt er die FBP-Praktiken sozusagen on-the-job. Die wichtigste persönliche Eigenschaft ist Zuverlässigkeit. Denn: Kooperation funktioniert nur, wenn alle sich gegenseitig aufeinander verlassen können.

13.2 Modul-Management

Wenn man seine Zuverlässigkeit unter Beweis gestellt hat, dann ist es an der Zeit, eine größere Aufgabe zu übernehmen und ein ganzes Modul einer Projektphase zu übernehmen. Dabei zeichnet man für die pünktliche Auslieferung der für jedes Release geplanten Features verantwortlich. Man zieht sich damit buchstäblich einen »größeren Schuh« an. Man teilt dem Programm-Manager rechtzeitig mit, wenn Probleme auftreten, die den Zeitplan gefährden könnten. Aber man sollte nicht nur Probleme aufzeigen, sondern

1 Nochmal zur Erinnerung: Wenn das Projekt-Management von den Entwicklern verantwortet wird, dann muss es auch wirklich gut gemacht werden, denn sonst wird es von einem Manager übernommen, der vielleicht keine Ahnung von der Technik hat. Selbst führen oder geführt werden ist hier die Frage. Und: Welche der beiden Alternativen ist effizienter?

auch einen Lösungsvorschlag dazu parat haben. Dafür kann man natürlich auch auf die Erfahrung des Programm-Managers vertrauen und diesen um Rat fragen. Man sollte aber schnell lernen, Probleme selbst zu lösen, denn das ist das Wesen von selbstbestimmtem Handeln und Kooperation. Zudem arbeitet ein Modul-Manager neue Kollegen in die Programmierung ein. Er verteilt Features, unterstützt bei der Aufwandsschätzung und gibt Hilfestellung, indem er jederzeit mit Rat und Tat zur Seite steht. Er tut alles, um sein Modul pünktlich und getestet zum Deployment abliefern zu können.

Im Sinne einer verteilten Verantwortung und kooperativen Zusammenarbeit übernimmt jeder Modul-Manager auch übergreifende Tätigkeiten, die in klassischen Projekten vielleicht nur vom Projektleiter gemacht werden. Ein Modul-Manager bereitet zum Beispiel auch die Zahlen für das Projekt-Checking vor und setzt sich gemeinsam mit dem Programm-Manager und dem Controlling im Projekt-Checking zusammen.

Wichtig ist, dass man so früh wie möglich einzelne Tätigkeiten aus dem Programm-Management übernimmt und so langsam in einen wieder etwas »größeren Schuh« hineinwächst. Dazu gehört auch, dass man an Kunden-Meetings teilnimmt und zunächst auf der Fachebene einen direkten Kontakt mit Mitgliedern aus dem Kundenteam aufbaut und alle Probleme und Fragen zum eigenen Modul über den »kleinen Dienstweg« klärt. Man lernt das Schreiben von Features und die Aufwandsschätzung. Diese Erfahrungen reichern sich langsam an.

13.3 Programm-Management

Ein guter Programm-Manager hat immer einen Plan. Und er weiß, wie man Pläne auf Kurs hält. Das Wichtigste ist: Er gibt niemals auf. Nachdem man ein paar Jahre Modul-Management gemacht hat, »passt der Schuh«: Feature-Liste, Release-Pläne, Maßnahmenpläne, die kooperative Steuerung von Projekten und die Zusammenarbeit mit dem Kunden und anderen Projektbeteiligten sind nach ein paar Jahren Routine. Trotz aller Kooperation ist der Programm-Manager die »Last Line of Defense«: Er ist für den Erfolg des gesamten Projektes verantwortlich.

Der Programm-Manager übernimmt selbst ein eigenes Modul im Projekt.

13.4 Projekt-Management

Ich gebe es ungern zu, aber in einem Gartner-Group-Vortrag habe ich ein schönes Wortspiel gefunden, dass die Entwicklung von der Programmierung über das Modul-Management und Programm-Management zum Projekt-Management beschreibt: Es ist die Weiterentwicklung des eigenen Know-hows über das Know-what zum Know-why. Das Verständnis für den Kunden steigt. Über die technische Umsetzung hinaus lernt man, was ein Kunde braucht und warum er das braucht. Man lernt das Geschäft des Kunden kennen und kann proaktiv Ideen aus dem technischen Wissen entwickeln, die für den Kunden neue Werte in Form von Software schaffen.

Projekt-Management bedeutet im FBP, dass man auf Management-Ebene beim Kunden akzeptiert ist. Somit steht man dem Programm-Manager als Partner zur Seite, um nicht nur die Fachebene, sondern auch die Management-Ebene mit in das Projekt einzubeziehen. Durch die lange Erfahrung entsteht zugleich auch eine gewisse Beratungsfähigkeit: Irgendwann wird man von seinen Kunden einfach um Rat gefragt. Das ist ein schönes Zeichen dafür, dass man fachlich und aus der Sicht der Seniorität akzeptiert ist. (Das ist ein anderer Weg, als der, der häufig im klassischen Beratungsgeschäft eingeschlagen wird.)

Und wieder: Auch ein Projekt-Manager hört nicht auf zu programmieren und wird aus eigenem Interesse in einem anderen Projekt vielleicht eine Modul-Management- oder Programm-Management-Funktion übernehmen.

13.5 Chapter-Management

Eine gute Firma sollte Perspektiven bieten. Chapter-Management bedeutet die Beteiligung an der Firma, die Ausübung einer geschäftsführenden Tätigkeit. Das ist zwar wirklich kein Thema für ein Buch über Software-Engineering, aber es gehört zum FBP dazu: Wer lange genug erfolgreiches Projekt-Management gemacht hat, der wird wahrscheinlich auch die Fähigkeit entwickeln, eine eigene Firma zu führen. Wenn eine Firma diese Perspektive nicht bietet, dann besteht die Gefahr, dass die altgedienten, erfahrenen Kollegen die Firma verlassen und eigene Wurzeln schlagen.

13.6 Erfahrungsstufen versus Beförderung

Erfahrungsstufen ergeben sich auf natürliche Weise aus der wachsenden Erfahrung. Das ist der Unterschied zur Beförderung in eine Position in einer Organisationshierarchie. Erfahrungsstufen muss man erhalten, dass heißt, dass man vor allem weiterhin aktiv programmieren soll. So ist es z. B. möglich, in einem Projekt die Erfahrungsstufe des Programm-Managements auszufüllen und in einem nachfolgenden Projekt dann als Modul-Manager zu arbeiten. Das ist für technisch orientierte Menschen ein Motivationsfaktor.[2] Jemand, der wirklich gerne programmiert, möchte nicht unbedingt im klassischen Sinne ein Projektleiter werden, da man auf einer solchen Position den Kontakt zu den Dingen verliert, die man besonders gerne macht: eben der Programmierung von Software. Wie weit man gehen möchte, bleibt jedem selbst überlassen. Es müssen nicht alle Menschen Projekt-Management oder Chapter-Management im Sinne des FBP machen wollen. Wenn man aber einfach dabeibleibt, werden aus den meisten Programmierern automatisch routinierte Programm-Manager. Das ist auch der enorme Vorteil gegenüber anderen Karrieremodellen (siehe Abbildung 13.1).

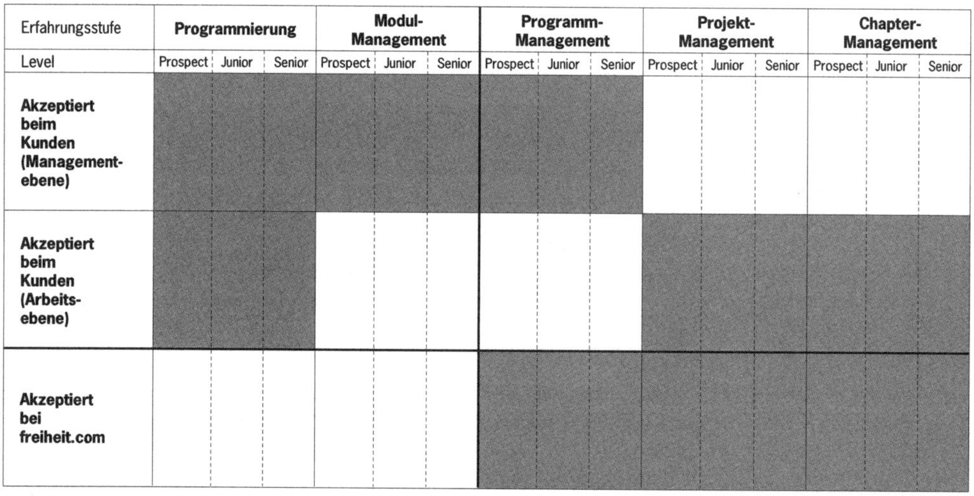

Abbildung 13.1: Anhand der FitRep-Matrix ist ersichtlich, wie Teammitglieder gezielt gecoacht werden können. Die weißen Felder zeigen den Weg von unten links nach oben rechts auf, wie Erfahrungen systematischen ausgebaut werden können.

2 Diese Behauptung basiert auf Selbstbeobachtung.

14 Erfahrungen ausbauen und konservieren

14.1 SOP: Standard Operation Procedures

Eine Organisation oder eine Gruppe macht gemeinsame Erfahrungen. Bewährtes soll weitergetragen werden. Das, was sich nicht bewährt hat, soll bekannt sein, damit Fehler nicht ständig wiederholt werden. Im FBP werden Erfahrungen in Form von Standard Operation Procudures (SOP) aufgezeichnet. Ein SOP besteht immer aus einem kurzen Statement, einer Handlungsanweisung, die für die Organisation erfolgreich war. Dann folgt eine längere Erklärung, die die Handlungsanweisung erklärt und möglicherweise auch zu negativen Erfahrungen abgrenzt. Die folgenden Beispiele stammen aus den SOPs aus meiner eigenen Firma.

- Wir beginnen den Arbeitstag gemeinsam jeden Morgen pünktlich um 09:00 Uhr.

  Dadurch, dass wir alle den gleichen Arbeitsrhythmus haben, gibt es weniger Reibungsverluste. Keiner muss überlegen, wann wohl welcher Kollege im Haus ist, damit man sich abstimmen kann. Man läuft sich einfach weniger gegenseitig hinterher. Man hat eine reelle Chance, einen größeren Block Arbeit vor dem Mittag zu schaffen. Und es besteht eine größere Chance, abends zur gleichen Zeit Feierabend machen zu können.

- Kern unserer Zusammenarbeit ist das »Fire-and-Forget«-Prinzip:

  Wenn man sich über Aufgaben abstimmt, dann sollten diese auch pünktlich und garantiert erledigt werden (»versprochen — gehalten«). Wenn man etwas nicht wie vereinbart schaffen kann, dann muss man das rechtzeitig und selbstständig den Kollegen mitteilen und einen neuen Termin abstimmen. »Fire-and-Forget« gilt nicht nur zwischen Kollegen und Projektteams, sondern auch in der Beziehung zum Kunden.

- Für das Build-Management wird nur *ant* (Java) oder *make* (für andere Sprachen) verwendet.

  Man kann also jede(n) IDE/Editor einsetzen, sofern diese(r) in der Lage ist, das Build-Management auf Basis von *ant* zu unterstützen. Das Build wird also immer mit *ant/make* gemacht, auch wenn die IDE ein eigenes Build anbietet. Nur so können wir sicherstellen, dass alle Projekte auf jedem Rechner mit jeder IDE heute und in Zukunft übersetzt werden können.

- Wenn externe Libraries verwendet werden, dann müssen diese als Jar-File mit einer korrekten Versionsnummer und einem beschreibenden Kommentar unter /lib ins cvs eingecheckt werden.

  Die Nutzung von Libraries bitte vorher mit dem Programm-Management abstimmen und nicht ohne Abstimmung neue Bibliotheken dem Projekt hinzufügen. Für experimentelle Bibliotheken, die sich noch in der Entwicklung befinden und ohne Versionsnummer in /lib liegen, eigene Compile-Tasks erstellen und nie beim Kunden produktiv ausliefern!

Die oben aufgeführten Beispiel-SOPs klingen trivial, sie müssen aber auf irgendeine Weise neuen Kollegen mitgeteilt werden. Das ist am einfachsten, wenn die SOPs schriftlich niedergelegt und z. B. im Intranet abgelegt sind. Für alle SOPs gilt: Jeder kann Vorschläge machen, SOPs zu verändern und/oder zu verbessern. Man kann sie aber nicht ignorieren oder umgehen. Das widerspricht nämlich dem kooperativen Gedanken. Wenn man sich also in einer Gruppe auf etwas geeinigt hat, sollte man dies durchziehen oder es verbessern, wenn es nicht mehr zeitgemäß ist. Natürlich ist das hier keine Anleitung, um den gesunden Menschenverstand auszuschalten. Aber wenn man doch ein SOP aus der eigenen Beurteilung heraus umgehen muss, dann sollte man zumindest Kollegen um Rat fragen, ob diese der gleichen Ansicht sind.

14.2 SitReps: Situation Reports

Situation Reports (SitReps) dienen zum einen dazu, herauszufinden, was die wirklich wichtigen nächsten Schritte und Prioritäten in einem Projekt sind. Zum anderen dienen sie als Coaching für Modul- und Programm-Manager, um das Denken auf die jeweils nächsten wichtigsten Ereignisse zu lenken.

Im SitRep werden immer wieder auf die gleiche Art drei Themen besprochen:

- Status des Projektes (in wenigen Worten; angenommen, ich müsste es an einem Münz-Telefon erklären und das Geld wäre fast alle),
- zu erwartende Probleme (z. B. durch »geplatzte« Maßnahmen),
- kurzfristige nächste Ziele.

Der letzte Punkt ist quasi aus den beiden ersten Punkten abgeleitet. Die Frage ist immer: »Was ist jetzt wichtig? Was ist der nächste sichere Hafen und wie navigieren wir dort hin?« Der nächste SitRep wird dann entweder direkt vor den nächsten wichtigen Termin gelegt, sodass bei Problemen vom Coach noch nachgesteuert werden kann. Oder er wird direkt nach den nächsten wichtigen Termin gelegt, um den wiederum nächsten wichtigen Schritt abzustimmen.

14.3 FitReps: Fitness Reports

Nach jedem Projekt erhalten alle Teammitglieder eine Beurteilung in Form eines Fitness Reports. Im Fitness Report, oder kurz FitRep, sind die Kriterien für die einzelnen Erfahrungsstufen festgelegt. In gemeinsamen Gesprächen und durch Reflektion des gerade abgeschlossenen Projektes, werden die Stärken und Schwächen analysiert und persönliche Entwicklungsziele für das nächste Projekt festgelegt.

Das hat nicht nur für den Entwickler Vorteile, sondern auch für die Organisation (also eine Firma oder eine Abteilung), weil so eine gezielte Personalplanung und -entwicklung stattfindet. Heute ist es eher Standard, jemanden nach unscharfen Kriterien zu einem Projektleiter zu befördern. Ich bin jedoch fest davon überzeugt, dass das nur Sinn macht, wenn die Erfahrungen für diese Position systematisch aufgebaut und nachweisbar vorhanden sind. Geht man anders vor, tut man damit niemandem einen Gefallen: Der frisch beförderte Projektleiter scheitert aufgrund mangelnder Erfahrung, der Kunde ist unzufrieden mit seinem Dienstleister (und bekommt in kritischen Projekten vielleicht sogar Probleme wegen mangelhafter oder unpünktlicher Software) und der Dienstleister erhält keine weiteren Aufträge.

14.4 Fragen kostet nichts: Das Performance Rating

Zu guter Letzt möchte ich noch kurz das Performance Rating ansprechen. Erst als wir den FBP-Prozess stabil und wiederholbar bei uns implementiert hatten, haben wir eine neue Stufe der kontinuierlichen Selbstverbesserung eingeführt: Das Performance Rating. Das Prinzip ist recht einfach: Ein Team aus zwei Personen, die nicht direkt an der Entwicklung beteiligt waren, gehen mit einem standardisierten Fragebogen zum Kunden und befragen alle Mitarbeiter, die am Projekt beteiligt waren. Der Kunde soll, frei von persönlichen Beziehungen, die möglicherweise während des Projektes entstanden sind, seine Beurteilung der Leistung abgeben können. Es ist sehr wichtig, das in einem persönlichen Termin gemeinsam zu tun, da nicht die Antworten auf die Standardfragen den Erkenntnisfortschritt bringen, sondern die Diskussionen über das Projekt. Die Fragen sind im Wesentlichen Anhaltspunkte für den Ablauf der Befragung. Es reicht also nicht aus, den Fragebogen per Post an den Kunden zu schicken.

Die Ergebnisse der Befragung werden zusammengefasst. Die »geschlossenen« Fragen (also diejenigen, die nur mit Ja/Nein oder mit einer Note beantwortet werden müssen) werden ausgewertet. Die offenen Fragen (bei denen eine freie Antwort formuliert wird) werden zusammen mit den Ergebnissen der Diskussionen über das Projekt zusammengefasst. Daraus ergibt sich ein Bild des Projektes, das dem Fremdbild entspricht. Dieses kann jetzt mit dem Selbstbild des Projektteams abgeglichen werden.

Ratschläge des Kunden werden auf ihre Wirksamkeit geprüft (nicht jeder Ratschlag kann und muss umgesetzt werden). Maßnahmen zur Umsetzung der Ratschläge werden besprochen und intern umgesetzt.

Die Ergebnisse der Befragungen und die Schlussfolgerungen daraus werden dem Kunden übermittelt, damit dieser sehen kann, welche Ratschläge umgesetzt werden. Das klingt recht einfach, ist aber doch ziemlich kompliziert, weil das einem komplizierten Regelungsmechanismus gleichkommt. Wichtig: Kontinuierliche Selbstverbesserung darf nicht übertrieben werden. Die Menschen müssen die Zeit haben, Routine in ihre Arbeit zu bringen, ohne dass sich ständig die Prozesse ändern. Dies gilt selbst für kleine Änderungen.

15 Kultur und Umgebung

Kultur ist nicht übertragbar. Sie muss zu den Menschen und der Organisation passen. Daher sind die folgenden Ausführungen als Beispiel zu sehen, die ich selbst als positiv und produktiv empfinde. In meiner eigenen Firma haben wir von Beginn an auf ein Wertesystem gesetzt, das Pünktlichkeit, Zuverlässigkeit, Ehrlichkeit und Gemeinschaft fördert. Dazu gehört auch, dass es keinerlei Privilegien gibt, auch nicht für die Chefs. Alle arbeiten nach den gleichen Prinzipien. Denn: Wie soll man etwas von anderen verlangen, was man selbst nicht bereit ist zu tun?

Mit Pünktlichkeit beginnt der Tag. Wenn alle pünktlich anfangen, muss niemand einem Kollegen hinterherlaufen, wenn es Fragen oder Probleme gibt. Das ist eine Form von gegenseitigem Respekt und verringert unnötige Friktionen.

Wenn die Bürokratie minimiert werden soll, dann ist eine schnelle und direkte Kommunikation die Voraussetzung. Das geht am besten mit einer offenen Raumkonzeption (siehe Abbildung 15.1). Teams werden örtlich zusammengeführt und können so schnell und direkt Probleme diskutieren und lösen, anstatt jeden in ein kleines Büro zu »sperren«. Teams werden immer wieder neu gemischt, sollten aber mit einer gewissen Kontinuität für einen bestimmten Kunden oder eine bestimmte Branche arbeiten. Sie sollten aber auch mit Bestimmtheit die Position wechseln (können), um nicht an immer gleichen Themen »kleben zu bleiben«. Gleichzeitig ist die tägliche Arbeit in einem großen,

Abbildung 15.1: Ein offenes Raumkonzept fördert die schnelle Kommunikation.

gemeinsamen Büro auch nicht ganz einfach: Der Lautstärkepegel lässt sich aber durch geschickt platzierte Glaswände verringern, ohne dass das Büro an Offenheit einbüßt.

Jeden Monat wechseln alle komplett die Plätze nach einem Losverfahren. Es gibt keine privilegierten Arbeitsplätze und jeder soll mit jedem Kollegen mal den »Tisch geteilt« haben, damit sich auch alle wirklich kennen lernen können. Schließlich verbringen viele Menschen einen großen Teil ihres Lebens mehr bei der Arbeit als bei ihrer Familie. Das ist auch einer der Gründe, warum ein Büro einfach eine angenehme Atmosphäre braucht.

Wir haben uns selbst eine Clean-Desk Policy auferlegt, denn das Gegenteil von Ordnung ist nicht Chaos, sondern Unordnung. Software-Projekte und Software-Firmen sind sicher im mathematischen Sinne prinzipiell chaotische Systeme. Das bedeutet aber nicht, dass sie in einem dauerhaften Zustand der Unordnung sein müssen. Wer vom papierlosen Büro träumt — eine Utopie (ich glaube) der 80er Jahre — der braucht nur eine Clean-Desk Policy einzuführen: Jeden Abend räumt jeder und ohne Ausnahme (wie schon erwähnt: Keine Privilegien für die Chefs) seinen Tisch vollständig ab. Vollständig bedeutet »bis zur letzten Büroklammer«, denn Entropie beginnt im Kleinen und wächst dann schnell und stetig: Aus der Büroklammer wird ein Blatt, aus einem Blatt wird ein Stapel, aus einem Stapel werden mehrere Stapel etc. Jeder besitzt einen kleinen Rollcontainer. Dort kann man kleinere Stapel von Dokumenten aufbewahren. Das ist der erste Schritt zu mehr Ordnung und Planung und ich habe wirklich das Gefühl, dass dies auch eine Auswirkung auf die Arbeit, die Software und die Menschen hat. (Sollte es dazu eine psychologische Studie geben, die mein Gefühl bestätigt, würde ich mich freuen, wenn sie mir jemand schicken würde.)

V Feature-based Programming-Werkzeuge

16 Erst der Prozess, dann das Werkzeug

»A fool with a tool is still a fool.« Das ist eine alte Weisheit im Software-Engineering, an die sich aber kaum jemand erinnert, wenn in einem Unternehmen Prozesse oder neue Methoden eingeführt werden sollen. Denn meist wird erst einmal geschaut, welche Tools es am Markt gibt. Diese werden dann evaluiert, eingekauft und eingeführt.

Wenn man Feature-based Programming erst einmal in der Entwicklung eingeführt hat, ist es relativ einfach, sich selbst dafür Werkzeuge zu schaffen, die die Arbeit vereinfachen. Wir haben in der Entwicklung von Feature-based Programming fast drei Jahre ohne spezielle Werkzeuge gearbeitet. Unsere Werkzeuge waren Papier und Bleistift. Und natürlich Grafik- und Layout-Programme, mit denen wir die entsprechenden Dokumente erstellt haben, damit wir unsere Pläne in einer für den Kunden kompatiblen Form ausliefern konnten.[1]

Wir liefern immer PDF aus, nie ein proprietäres Dokumentenformat, wie z. B. Word oder Powerpoint. Erstens, weil man nie sicher ist, wie das Dokument beim Kunden aussieht, da man die Word-Version nicht kennt und auch nicht weiß, welche Schriften installiert sind. Möglicherweise sieht unser Dokument dann beim Kunden sehr unprofessionell aus. Zweitens, weil z. B. die Microsoft-Formate zwischen verschiedenen Versionen des gleichen Produktes inkompatibel zueinander sind. Man weiß also nie, ob der Kunde das Dokument überhaupt öffnen kann. (Zugegeben, das hat sich bei den letzten Office-Versionen ein wenig gebessert.) Drittens, weil man nicht sicher sein kann, dass zukünftige Office-Formate mit den heutigen Formaten noch kompatibel sein werden. Es kann daher sein, dass wir in ein paar Jahren unsere eigenen, alten Dokumente nicht mehr öffnen können. In bestimmten Branchen (z. B. Pharma) muss man aber über 15 Jahre hinaus seine Dokumentation nachweisen können. PDF besitzt eine gute Chance, alle anderen Formate zu überleben. Im schlimmsten Fall muss man sich selbst einen Konverter schreiben: Das PDF-Format ist vollständig dokumentiert. Office-Formate leider nicht. Ein weiterer schöner Nebeneffekt: Bei PDF kann man einstellen, ob das Dokument verändert werden darf. Es kann sogar elektronisch unterschrieben werden (auch sehr gut für die Pharma-Branche). Das ist für Dokumente, die Vertragsbestandteil sind, eine gute Sache. (Auf Wunsch des Kunden, denn der ist ja »König«, liefert man natürlich auch zusätzlich zum PDF ein Dateiformat aus, das weiterverarbeitet werden kann.)

Nachdem wir die Kernmechanismen von FBP bei uns entworfen, ausprobiert, verbessert und stabilisiert hatten, brauchten wir ein Werkzeug, um jederzeit die Controlling-

---

1 Übrigens: In unserer Firma werden Präsentationen immer mit einem Block, einem Bleistift und einem Radiergummi erstellt. Der Mitarbeiter soll sich nur auf den Inhalt und dessen Strukturierung konzentrieren. Die Präsentation wird dann anschließend im Sekretariat »produziert«. So kann ich mit wenigen Bleistiftstrichen innerhalb weniger Minuten eine mehrseitige Präsentation entwerfen. Die grafische Qualität ist immer exakt gleich, da die Dokumente zentral erstellt werden. Sich selbst nicht um das Layout kümmern zu müssen, setzt enorme Effizienzpotentiale frei. Wir sparen viel Zeit und Kosten dadurch. Das ist sicher nicht in allen Unternehmen möglich, aber wer in seinem Unternehmen Kosten sparen will, der sollte mal über die Anschaffung einfacherer Office-Pakete nachdenken, die weniger Funktionen und weniger Layout-Optionen haben. (Wie haben wir eigentlich Präsentationen gemacht, bevor man Texte und Cliparts animiert ins Bild fliegen lassen konnte ...?)

Statistiken zum Projekt automatisiert erstellen zu können: Bis zu diesem Zeitpunkt hatten wir diese manuell erstellt. Das ist leider der einzige, wirklich aufwändige Teil im Feature-based Programming, für den man früher oder später in jedem Fall ein Werkzeug haben möchte. In bestimmten Fällen kann man versuchen, das Problem auf Basis von Tabellenkalkulationen zu lösen. Sie werden aber sehr schnell die Limitierungen erfahren. Aus meiner Erfahrung sind Tabellenkalkulationen nur für die ersten Gehversuche mit Feature-based Programming geeignet.

Jetzt komme ich auch zu dem Punkt, warum ich so weit ausgeholt habe, als es um die Dokumentenformate ging: Wir haben uns schließlich ein Browser-basiertes System gebaut, mit dem man alle Aspekte des Feature-based Programming — und nicht nur die Controlling-Statistiken — Software-gestützt ausführen kann. Und jedes Dokument, von der Feature-Liste bis zum Release-Plan, wird auf Wunsch auch automatisch als PDF generiert. Immer in der gleichen Qualität und immer mit den gleichen Begriffen und Symbolen, mit eingebauter Versionierung und Archivierung.

Das ist das erste Werkzeug, das ich vorstellen möchte: *Captain Feature*.[2]

2 Der Name »*Captain Feature*« ist natürlich in Anlehnung an den Hauptdarsteller der japanischen Zeichentrick-Serie »Captain Future« entstanden. Alle über 30-Jährigen werden sich sicher gerne daran erinnern.

17 Feature Management mit *Captain Feature*

Captain Feature ist eine vollständig Web-basierte und Browser-unabhängige Anwendung, die zwei Kollegen (Sebastian Mangels und Christoph Krohne) für interne Zwecke entwickelt haben. Sie ist kein kommerziell erhältliches Werkzeug. *Captain Feature* wurde erst entwickelt, als die Instrumente und Prozeduren von Feature-based Programming ausgesprochen erprobt und ausgereift waren. Es ist interessant, wie stark ein solches Werkzeug dazu beiträgt, diese Instrumente und Prozeduren weiter zu verfestigen und neue Programmierer in Feature-based Programming einzuarbeiten.

Die Anwendung ist komplett in Java geschrieben und basiert auf JSP Custom Tags. »Unter der Haube« wird Linux, Apache, Tomcat und mySQL verwendet. Für die PDF-Generierung werden SVG und FOP eingesetzt.

Captain Feature ist mittlerweile vollständig und deckt alle Bereiche von FBP komplett ab. Allgemeine Verwaltungsfunktionen sind:

- Verwaltung von Projekten, Phasen, Releases, Modulen.
- Verwaltung von Personen und Berechtigungen.

Für die Entwicklungsteams stehen die folgenden Funktionen zur Verfügung:

- Erstellung und Management von Feature-Listen.
- Versionierung von Feature-Listen.
- Hilfen zur Release-Planung (z. B. verplante Zeit pro Entwickler/Release).
- Automatische Generierung grafischer Release-Pläne als SVG und als PDF.
- Automatische Generierung von Feature-Listen als PDF.
- Erstellung und Management von Maßnahmenplänen.
- Automatische Generierung von Maßnahmenplänen als PDF.
- Zeiterfassung auf Feature-Ebene.
- Erinnerungsfunktionen für verschiedenste Ereignisse per Mail.
- Liste aller Maßnahmen, die einer Person in verschiedenen Projekten zugeordnet sind.
- Liste aller kommenden Releases und Deployment-Termine nach Datum sortiert (über alle Projekte).
- Personalisierung/Berechtigung: User sehen nur die jeweils für sie relevanten Projekte und Informationen.

Manager und Controller nutzen *Captain Feature* für diese Aufgaben:

- Plan/Ist-Vergleiche für Features und Manntage pro Projekt und Phase auf Release-Ebene.
- Projektkonto: Budget (Plan) versus verbrauchte Manntage im Überblick.
- Aggregiertes Projektkonto = Firmenkonto: Alle Projekte in einem Konto zusammengeführt.
- Kapazitätsauslastung und Forecast.

Captain Feature — oder auch »*der Captain*«, wie er meist liebevoll genannt wird — dient vor allem dazu, alles, was man sinnvoll standardisieren kann, zu automatisieren. Denn: die Planung und das Management von Software-Projekten sind sehr schreibaufwendig, selbst bei einem leichtgewichtigen Prozess. Diese Arbeit wird nicht gerne gemacht. Wenn man also aktuelle und brauchbare Dokumente erhalten will, muss man nur deren Erstellung und Pflege maximal vereinfachen!

17.1 Login und Stammdaten

Captain Feature verfügt über ein ausgeklügeltes Autorisierungssystem. Jede einzelne Funktion und Ansicht kann für User, Gruppen oder Rollen ein- und ausgeschaltet werden. Der User sieht dann nur die Daten und Menüpunkte, die auch für ihn bestimmt sind. Wir nutzen davon aber eigentlich nur sehr wenige Möglichkeiten. Im Wesentlichen gibt es besondere Berechtigungen auf Teile der Anwendung, die eine kaufmännische oder vertragliche Relevanz haben. Ein Beispiel ist die Freigabe von Features zur Programmierung, denn es darf erst auf einem Feature gearbeitet werden, wenn ein Auftrag oder die Bestätigung des Kunden vorliegt. Ein weiteres Beispiel ist die Versionierung des aktuellen Standes einer Feature-Liste. Diese Funktionen darf man nur ausführen, wenn man zu einer kaufmännischen Gruppe (z. B. Controlling) gehört. Dadurch, dass man Accounts auch auf Projektebene freischalten kann, können z. B. auch Praktikanten oder Mitarbeiter eines Kunden mit *Captain Feature* arbeiten, ohne dass diese vertrauliche Daten aus anderen Projekten sehen können.

Im Folgenden sind in den Screenshots Kundennamen und vertrauliche Informationen unkenntlich gemacht.

17.2 Nach dem Login ...

Nach der Anmeldung an *Captain Feature* wird zuerst eine Liste aller Projekte angezeigt, denen dieser User zugeordnet ist. In der Auswahl kann man — falls man diese Berechtigung hat — nicht nur »Meine Projekte«, sondern auch »Alle Projekte »anzeigen lassen. Von hier aus kommt man per Hyperlink in die Phasen und Releases der Projekte.

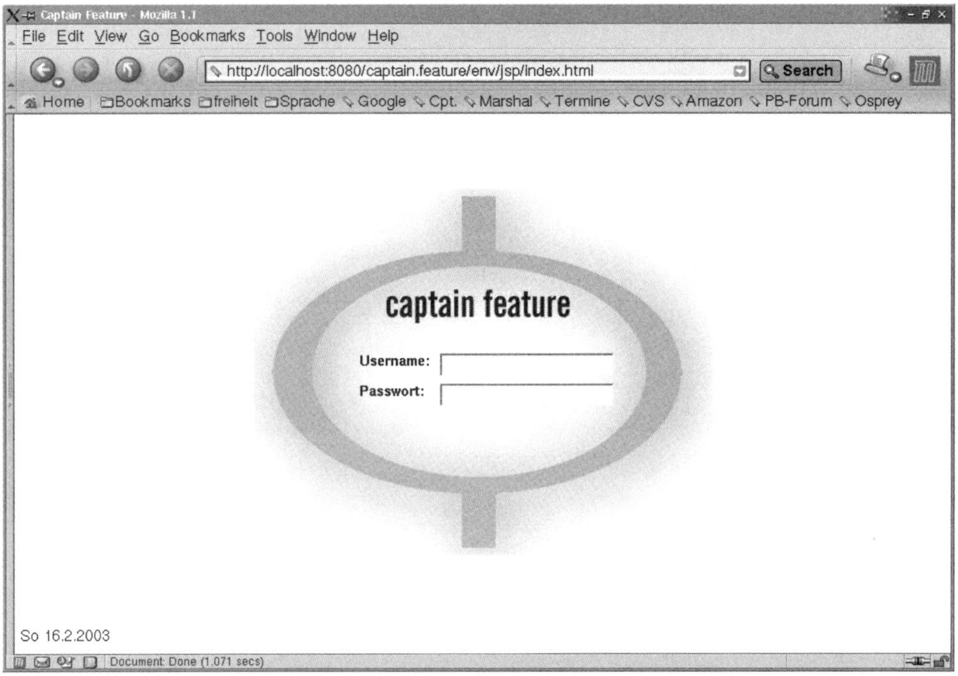

Abbildung 17.1: Captain Feature: *Login*

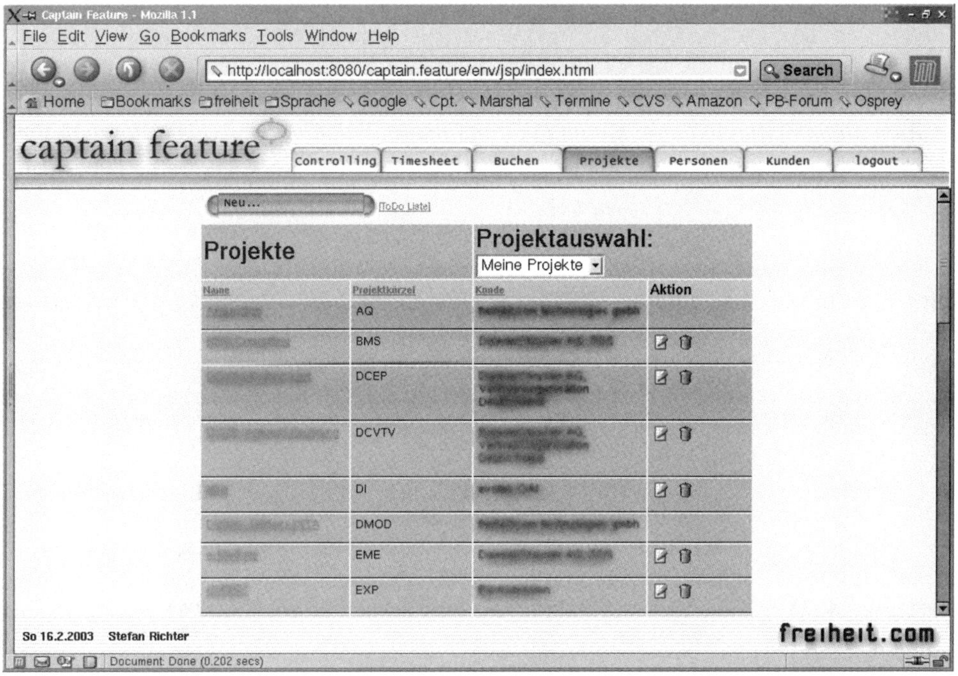

Abbildung 17.2: Captain Feature: *Projektliste*

17.3 Anlegen eines Projektes

Zunächst muss ein neuer Kunde angelegt werden. Zu diesem können dann beliebig viele Projekte hinzugefügt werden. Über den Kunden werden nicht viele Daten im *Captain* aufgenommen. Er ist nicht als CRM oder Kontakt-Management-System konzipiert. Der Kunde dient hier lediglich als zusammenfassendes Element für eine Anzahl von Projekten.

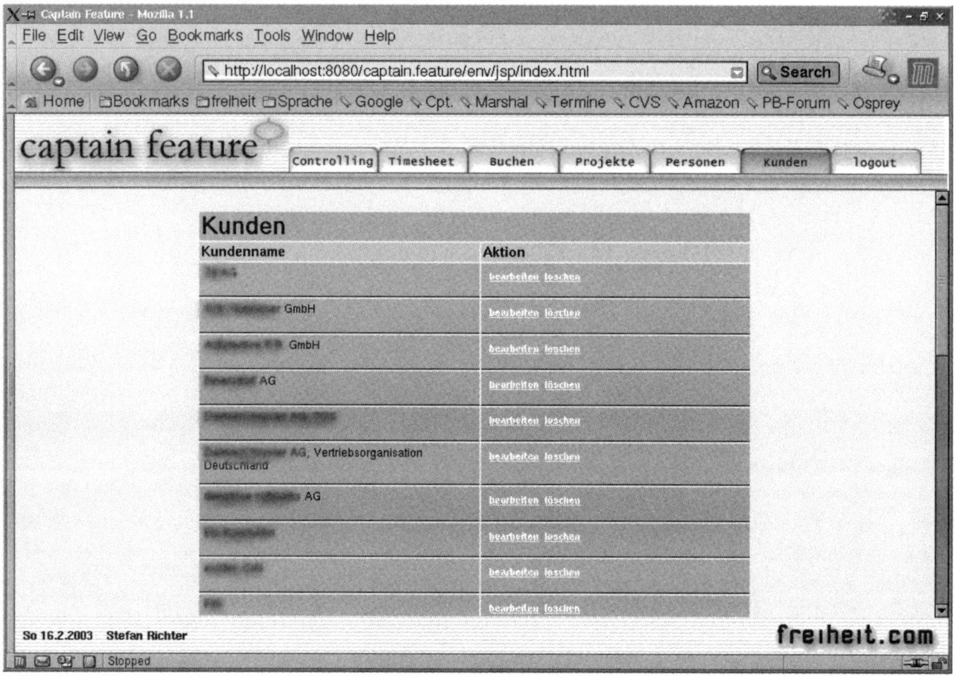

Abbildung 17.3: Captain Feature: *Kundenliste*

Nach dem Anlegen des Kunden kann man ein neues Projekt erstellen. Zum Projekt wird die erste Entwicklungsphase und zu dieser Phase die Releases angelegt. Dazu werden Module angelegt, die eine logische Gruppierung von Features beschreiben, für die eine Person verantwortlich ist. Weitere Personen (Entwickler, Kunden, Controller) können dem Projekt und dieser Phase hinzugefügt werden. Erst dann ist dieses Projekt für die eingetragenen Personen in der Projektliste sichtbar.

Im folgenden Beispiel habe ich ein Test-Projekt angelegt und diesem die Phase »Erstentwicklung« hinzugefügt. Zusätzlich habe ich zwei Module, »Client« und »Server«, angelegt. Das entspricht zwar keiner realistischen Modulzerlegung, soll aber deutlich machen, dass es hier nicht um Module im technischen Sinne geht. Zusätzlich werden übergreifende Informationen, wie die Tarifgruppe für die spätere Leistungsverrechnung und Rechnungserstellung, der Auftragseingang und der Kickoff-Termin (von dem ausgehend alle anderen Termine berechnet werden) erfasst.

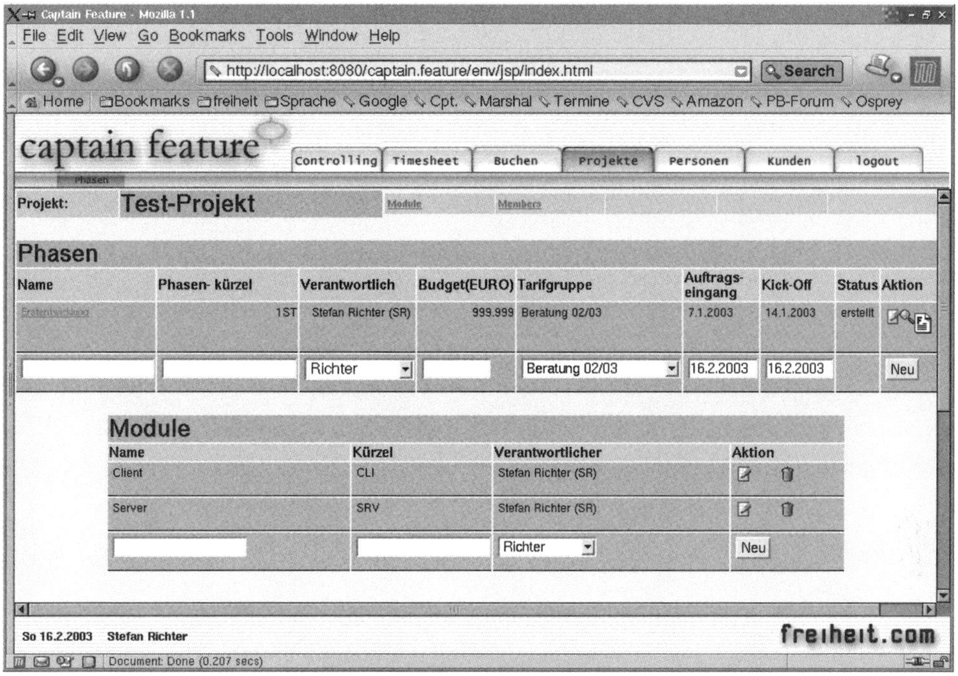

Abbildung 17.4: Captain Feature: *Phase(n) und Modul(e) anlegen*

Durch einen Mausklick auf den Link mit dem Namen der Phase wechselt man in die Release-Ansicht. In der Abbildung sind der Phase »Erstentwicklung« beispielhaft fünf Releases hinzugefügt worden. Nach jedem Release sind drei Tage für das Kunden-Test-Feedback eingeplant. Alle Termine sind mit einer Uhrzeit versehen. Das Deployment eines Releases beginnt typischerweise morgens um 09:00 Uhr, also als erste Aktion des Arbeitstages. Der Kunde sollte sein Test-Feedback, in diesem Beispiel drei Tage nach dem Deployment, standardmäßig bis 12:00 Uhr abgeschlossen haben. Somit bleibt an dem Tag noch Zeit, Abstimmungen mit dem Kunden bzgl. der gemeldeten Bugs und Anmerkungen vorzunehmen. Die Uhrzeit ist ein wichtiger Anhaltspunkt: Wenn für das Deployment und für das Test-Feedback keine Uhrzeit festgelegt ist, wird sonst leider das Ende des Tages als Abschluss angenommen. Natürlich kann auch danach weiter getestet und gemeldet werden.

Das Beispiel hat fünf Releases, um es einfach und übersichtlich zu halten. Man kann sehr gut einen Teil der im Buch beschriebenen Prinzipien erkennen. Beispielsweise sind die Deployment-Termine immer am gleichen Wochentag (Dienstag). Die Releases sind immer gleich lang (was nicht immer sein muss und oft auch nicht möglich oder sinnvoll ist!). Die Zeiträume für das Test-Feedback sind immer gleich lang. Das Test-Feedback endet dadurch immer am gleichen Wochentag (Donnerstag).

Im unteren Bereich der Release-Anzeige können Maßnahmen angelegt werden. Interne und externe Maßnahmen können voneinander unterschieden werden, sodass eine Liste für den internen Gebrauch und eine Liste für Kunden und andere Projektbeteiligte se-

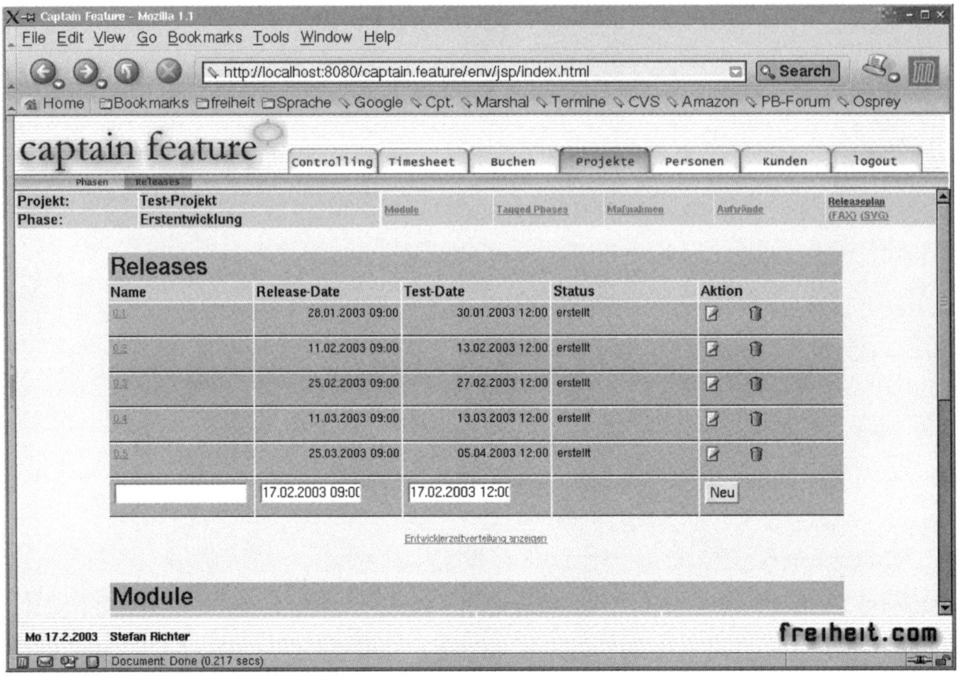

Abbildung 17.5: Captain Feature: Releases hinzufügen

parat erstellt werden kann. Ein weiterer wichtiger Punkt sind Tagged Phases. Das sind Versionierungen von Feature-Listen. So kann jederzeit eine ältere Version einer Feature-Liste wiederhergestellt werden. Zusätzlich werden in jeder Version die Veränderungen gegenüber allen vorherigen Versionen übersichtlich aufgelistet. Automatisch! Im Beispiel sind aber noch keine Versionen (Tagged Phases) angelegt. Darum ist die Tabelle leer.

In der Abbildung 17.7 sieht man einen aus den Daten der geplanten Releases automatisch generierten Release-Plan. In der Darstellung ist dieser durch ein PDF-Plugin in den Browser eingebettet. Der Release-Plan kann nun auf die Festplatte gespeichert oder ausgedruckt werden. Es gibt vom Release-Plan eine farbige und eine schwarz/weiß-Variante. Die farbige Variante ist für den E-Mail-Kontakt und für Präsentationen gedacht. Die schwarz/weiß-Variante ist für das Faxgerät optimiert. Zusätzlich kann der Release-Plan zur Weiterverarbeitung auch als SVG-Grafik gespeichert werden. Die Grafik wird automatisch in Abhängigkeit der Projektlaufzeit skaliert. Und zwar immer so, dass der Release-Plan auf eine DIN A4-Seite (Querformat) passt. Dadurch, dass der Release-Plan generiert wird, hat er in allen Projekten immer die gleiche Qualität und die gleiche Bedeutung. Und: Es kostet keine Zeit, ihn zu erstellen oder zu aktualisieren. Wenn man ein Release-Datum verändert oder ein weiteres Release hinzufügt, braucht man nur einmal klicken, um einen neuen Release-Plan zu generieren.

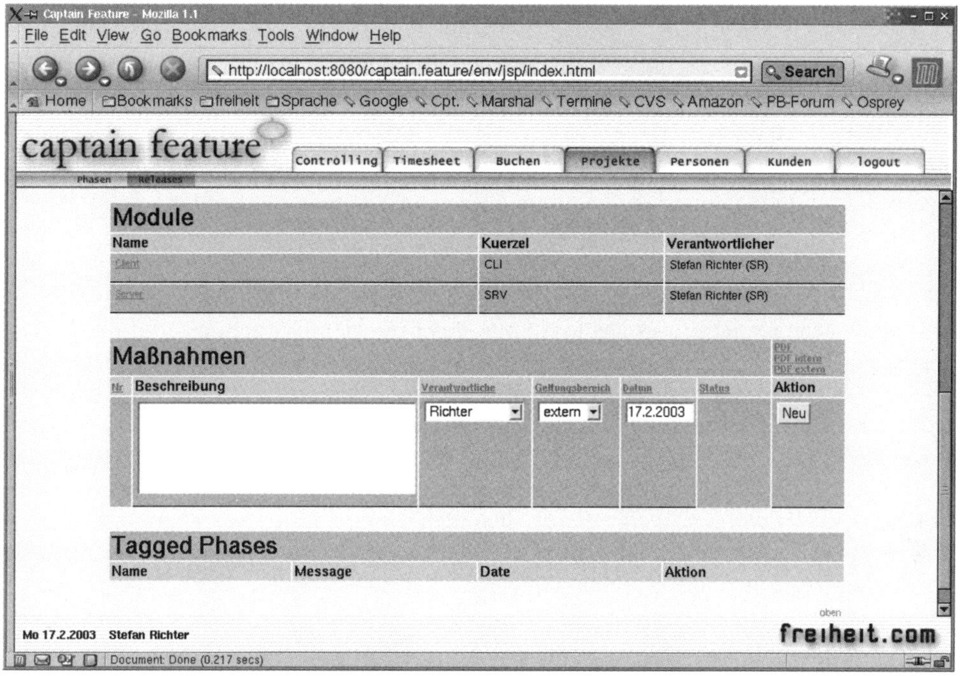

Abbildung 17.6: Captain Feature: *Maßnahmen*

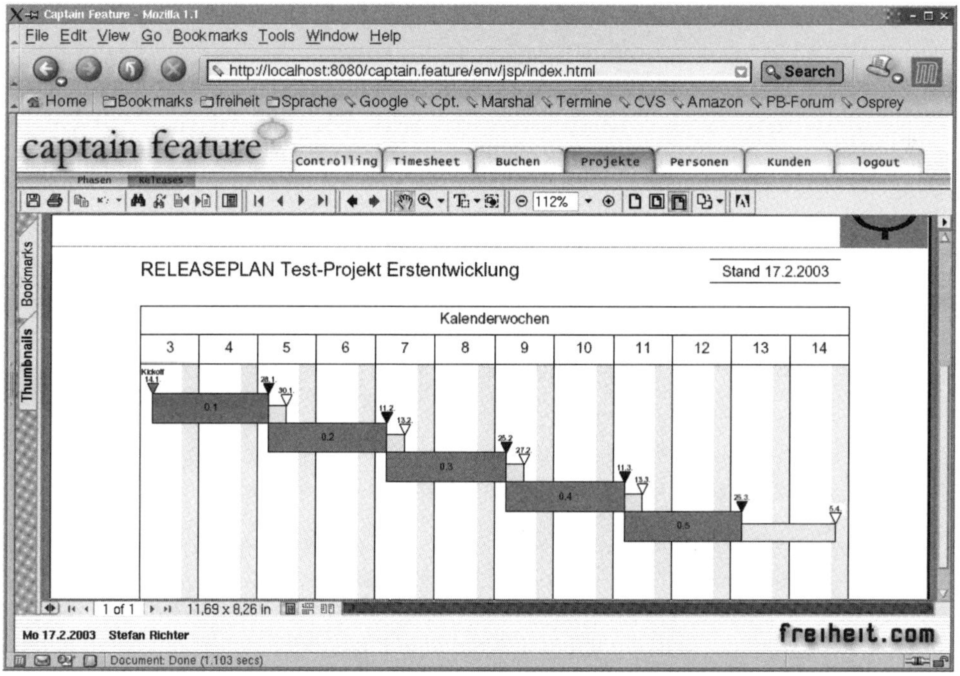

Abbildung 17.7: Captain Feature: *Release-Plan als PDF*

17.4 Erstellung einer Feature-Liste

In der täglichen Arbeit geht man meist nicht so linear vor. Meist werden die ersten drei Releases angelegt, Features geschrieben, weitere Releases hinzugefügt, Features hin und her geschoben. Neue Features werden erfasst und den Releases zugeordnet etc. Standardmäßig erstellt *Captain Feature* bei einer neuen Projektphase ein paar vordefinierte, Release-übergreifende Standard-Features. Dies sind Projekt-Management, Dokumentation, Konzeption, Deployment und Wartung. Diese Features laufen über alle Releases einer Phase. So kann beispielsweise ein Projekt-Management-Budget festgelegt werden. Es sind nicht in jedem Projekt zwingend alle übergreifenden Features erforderlich, außer Projekt-Management und Deployment: Das Projekt muss geführt und die Inhalte müssen mit dem Kunden und anderen Projektbeteiligten abgesprochen werden. Und das Projekt muss ausgeliefert werden. Dafür muss Zeit eingeplant werden. Im oberen Bereich der Ansicht sieht man zudem mögliche Status-Zustände für die Feature-Liste. Ein Status kann entweder pro Feature oder für alle Features gleichzeitig gesetzt werden. Nach Status »erstellt« gibt es den Status »angeboten«, dann kann ein Feature nicht mehr inhaltlich verändert werden. Wenn es auf »beauftragt« gesetzt ist, kann darauf gearbeitet (und im Timesheet auch gebucht) werden. Wenn es auf »fertig« gesetzt ist, dann kann nicht mehr darauf gebucht werden. Entwickler können noch den Status »beta« setzen, was bedeutet, dass das Feature an den Kunden ausgeliefert wurde. Fertig kann es erst sein, wenn auch der Kunde ein Feature als »fertig« ansieht. Des Weiteren gibt es den Status »gestrichen«, der automatisch gesetzt wird, wenn in einer bereits angebotenen Feature-Liste ein Feature gelöscht wird. Das Feature wird dann als gestrichen markiert, bleibt aber trotzdem in der Feature-Liste enthalten.

Im folgenden Beispiel wurden innerhalb des Releases 0.1 zwei neue Features angelegt. Der grüne Balken auf der rechten Bildschirmseite bedeutet, dass das Feature noch nicht über die Minimalschätzung hinaus belastet ist. Es wurden also weniger Manntage darauf gearbeitet, als minimal geplant wurden. (Kein großes Kunststück bei einem gerade angelegten Feature!) Wenn die Minimalschätzung überschritten wird, wird der Balken gelb. Rot wird der Balken, wenn die Maximalschätzung erreicht bzw. überschritten wird. So hat man eine sehr gute visuelle Kontrolle über den Zeitverbrauch pro Feature.

Wenn alle Features geplant und mit dem Kunden abgestimmt sind, beginnt die tägliche Arbeit mit der Feature-Liste, die zum einen den eigenen Arbeitsplan darstellt und zum anderen alle Basis- und Statusinformationen für das Controlling und den Kunden enthält.

17.5 Die tägliche Arbeit mit *Captain Feature*

Die Entwicklungsteams buchen jeden Tag die für das jeweilige Feature aufgewendete Zeit direkt auf das Feature. Das Controlling (und natürlich auch das Entwicklungsteam) kann jeden Tag den Zeitfortschritt einsehen. Dadurch weiß jeder, wo das Projekt im Verhältnis zum Plan steht. *Captain Feature* bietet zudem detaillierte Auswertungen von Projekten an, die — als PDF ausgedruckt — in das Projekt-Checking zur Diskussion mitgenommen werden.

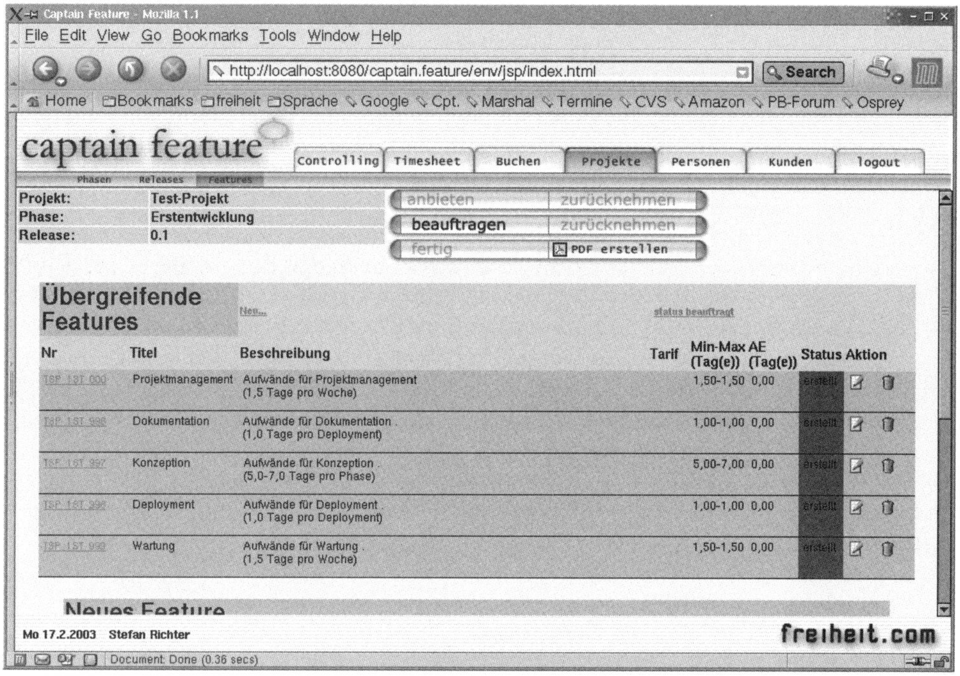

Abbildung 17.8: Captain Feature*: Übergreifende Features, automatisch angelegt*

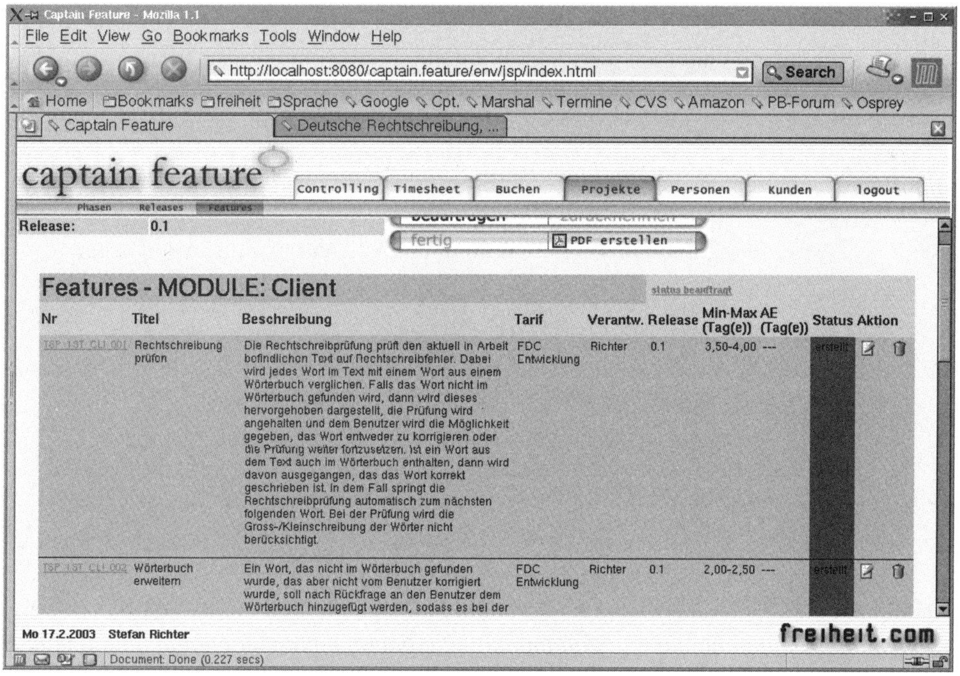

Abbildung 17.9: Captain Feature*: Feature aus Wörterbuchbeispiel*

Die Entwickler benutzen den *Captain* vor allem, um zu sehen, was bis wann ausgeliefert werden muss, also für die eigene Arbeitsplanung. Immer wenn ein Feature abgeschlossen ist, wird es vom jeweiligen Entwickler auf »beta« gesetzt. Zum Deployment müssen alle Features für das aktuelle Release fertig sein, also müssen alle auf »beta« stehen. Sollte es passieren, dass Features nicht fertig werden, so merkt man das eigentlich schon vorher und kann das auch noch mit dem Kunden abstimmen. Im Projekt-Checking geht man dann diese nicht-realisierten Features durch und plant sie neu, indem man die Release-Zuordnung überarbeitet.

Der Programm-Manager schaut sich den Zeitverbrauch regelmäßig an und regelt nach. Das Controlling braucht nicht ständig nachzufragen, was der Status ist, sondern schaut einfach in die *Captain Feature*-Auswertungen. Wichtig ist: Die Zahlen sind immer erst nach einem Deployment wieder wirklich stabil, weil dann ein fester Entwicklungsstand ausgeliefert wurde.

Und: Der Kunde erhält nach jedem Deployment eine aktualisierte Feature-Liste und kann den Status der Software selbst und eigenhändig überprüfen und mit der Feature-Liste vergleichen.

17.6 Vom Plan zum Programm

Jetzt, da die Feature-Liste und der Release-Plan stehen, geht es an die Programmierung. Dafür muss ein neues Projekt im Versions-Management eingerichtet werden und da ist es sehr von Vorteil, wenn auch Projekte mit ihren Verzeichnissen, Konfigurationsdateien, Build-Skripten etc. eine einheitliche Struktur aufweisen, sodass man sich leichter darin zurechtfinden kann. Zusätzlich erleichtern Standards auch die Systemdokumentation. Dabei hilft uns ein weiteres Werkzeug: *Fresh*!

18 Einheitliche Projektstrukturen mit *Fresh*

Wir haben sehr früh damit begonnen, das Build-Management für Projekte zu standardisieren. Von jedem Rechner im Entwicklernetz kann man Projekte aus dem CVS auschecken, übersetzen und ausführen. Neben den Projekten werden auch externe und interne Bibliotheken im CVS verwaltet. Java-Projekte werden generell mit ant, andere Programmiersprachen wie C und C++ mit Hilfe von make übersetzt.

Bevor ich darauf näher eingehe, noch ein Wort zur Entwicklungsumgebung: Bei den Entwicklungsumgebungen (IDE oder Programmier-Editor) herrscht bei uns freie Auswahl. Die einzige Einschränkung aus meiner Sicht ist: Die IDE bzw. der Editor sollten kostenfrei sein, denn es gibt genug hervorragende kostenfreie Entwicklungswerkzeuge. Zudem muss die IDE ant oder make einbinden können, damit man unabhängig von den Build-Funktionen einer bestimmten IDE ist. Ich möchte erwähnen, dass viele Programmierer, die ich kenne, emacs und vi benutzen. Der Vorteil ist: Man muss genau wissen, was man tut. Andere sehen das vielleicht als Nachteil. Aber: Eine IDE nimmt einem Entwickler — zumindest bei einfachen Dingen — Arbeit, aber im schlimmsten Fall auch das Denken ab. Wichtig bei der Werkzeugauswahl ist aus meiner Sicht die Transparenz, mit der die IDE den Code verarbeitet und die Möglichkeit des Entwicklers, Kontrolle darüber ausüben zu können. Je mehr eine IDE automatisch im Hintergrund Code generiert o. Ä., desto schwieriger ist es, die Kontrolle zu behalten. Wenn dann etwas nicht richtig funktioniert, kann man oft nicht selbst eingreifen und das Problem beheben. Einfache Dinge sind oft sehr einfach und schnell gemacht. Schwierige Dinge sind aber oft fast unmöglich oder fehlerhaft. Damit verliert man dann oft wieder die Zeit, die man bei den einfachen Aufgaben gewonnen hat. Wer schon mal mit den üblichen grafischen IDEs programmiert hat, der weiß, was ich meine.

Zur Historie: Obwohl wir das Build-Management standardisiert hatten, gab es immer wieder Unterschiede in den Build-Files und in der Verzeichnisstruktur von Projekten. Ein neues Projekt wurde meist so aufgesetzt, dass man ein Build-File aus einem anderen Projekt kopierte und an die eigenen Bedürfnisse anpasste. So konnte man sich als Entwickler zwar grob in jedem Projekt zurechtfinden, aber im Detail war jedes Projekt doch ein bisschen anders.

Das brachte uns auf die Idee, ein kleines Kommandozeilen-orientiertes Konfigurationswerkzeug zu bauen, mit dem neue Projekte angelegt werden können (darum bekam das Werkzeug auch den Namen *Fresh*).

Fresh stellt zuerst eine Reihe von Fragen, um festzustellen, was für ein Projekttyp angelegt werden soll. Das ist ähnlich wie bei den Standard-IDEs, in denen man sich den Rahmen (Verzeichnisse, Code etc.) z. B. für ein Web-Projekt oder eine EJB-Anwendung generieren lassen kann. Nur, dass bei der Nutzung einer IDE je nach Hersteller andere Strukturen erstellt werden und die Übersetzung und weitere Verarbeitung nun auf Basis eines proprietären Build-Managements basiert. Und wem ist es noch nicht passiert: Es gibt meistens Migrations-Probleme mit alten Projektdateien, wenn eine neue Version der genutzten IDE auf den Markt kommt. Daher halte ich es für sinnvoll, das Build-Management unabhängig von den Programmierumgebungen zu halten.

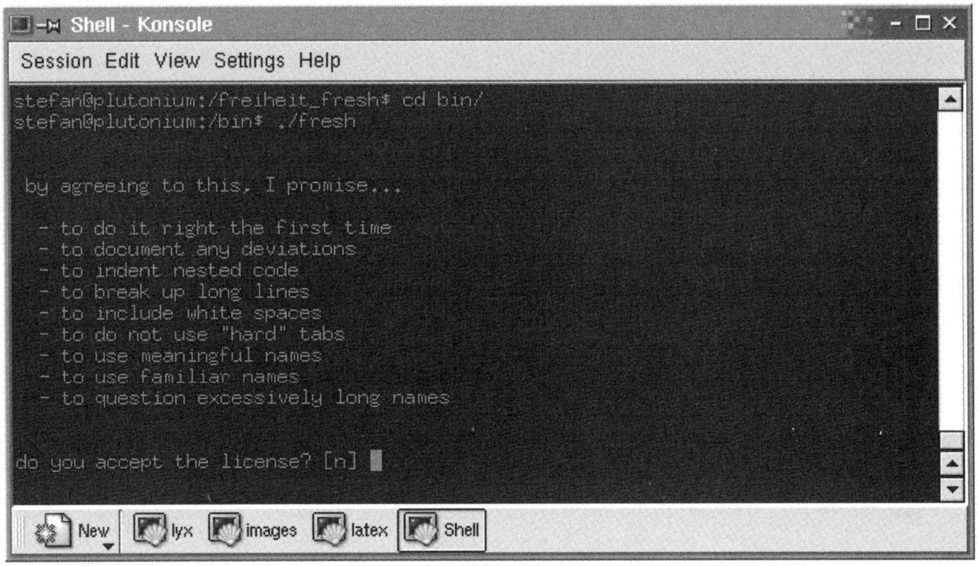

Abbildung 18.1: Fresh: *»Lizenzvereinbarung«*

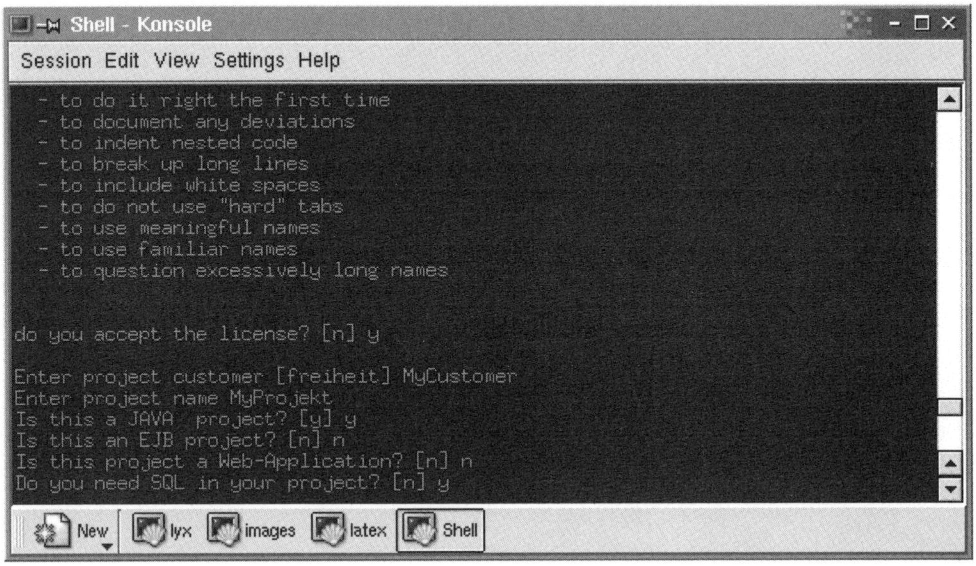

Abbildung 18.2: Fresh: *Konfigurationsdialog*

Fresh generiert dann automatisch eine standardisierte Verzeichnisstruktur, die sich zum einen an unseren bisherigen Projekterfahrungen orientiert und die zum anderen — soweit dies möglich war — alle dokumentierten Standards berücksichtigt. *Fresh* erzeugt das notwendige build.xml oder makefile. Diese enthalten dann alle Standard-Tasks für das Übersetzen (javac oder gcc), das Installieren (Installer, WebStart), das Prüfen

(CheckStyle), Testen (JUnit), das Verpacken (JAR, WAR, EAR), das Dokumentieren (*Javadoc, DocOctopus*) etc. mit den jeweiligen Standard-Tools der Zielplattform.

Egal, welche IDE oder welcher Programmier-Editor nun verwendet wird: Alle Verzeichnisstrukturen sind vereinheitlicht. Man findet sich auch in fremden Projekten besser zurecht und das Build-Management wird noch einen Schritt professioneller. *Fresh* ist ein sehr simples, aber ebenso nützliches Tool, das man sich leicht mit nur ein paar Tagen Aufwand nachbauen kann. Die erzeugten Dateien und Verzeichnisse checken wir ins Versions-Management (z. B. CVS) ein und können anfangen zu programmieren.

Jetzt haben wir in unserem Beispielprojekt eine neue Feature-Liste mit Release-Plan und eine einheitliche Projektstruktur im CVS. Wenn wir nach vorne blicken, wissen wir, dass wir früher oder später auch eine Systemdokumentation ausliefern müssen. Damit sollte man nicht zu spät anfangen. Als Faustregel gilt: Spätestens ab der Hälfte der Projektlaufzeit mit der Dokumentation beginnen, denn dann sollte das Design schon recht stabil sein (sonst haben wir wahrscheinlich ein Problem!). Javadoc (und seine Verwandten) ist schon ein großer Schritt in Richtung automatische Dokumentation gewesen. Es gibt aber noch viele Dinge, die nicht mit Javadoc abgehandelt sind.

Auch dafür haben wir uns ein Tool gebaut, das den Redaktionsprozess der Systemdokumentation weiter automatisieren hilft: *DocOctopus*.

19 Generierbare Dokumentation mit *DocOctopus*

DocOctopus basiert auf einer Idee eines Kollegen, der sich beschwert hatte, warum Konfigurationsdateien sich nicht von selbst dokumentieren können. Klassischerweise muss man in einer manuellen Dokumentation die Konfigurationsdateien zusammenkopieren und dann textuell beschreiben. Und das mit jeder neuen Version der Software. Das muss nicht sein, denn viele Standard-Konfigurationen (z. B. das web.xml) enthalten Description-Tags, die man eigentlich nur sorgfältig ausfüllen muss. Das haben wir ausgenutzt.

Über Ostern habe ich dann irgendwann damit angefangen, die Idee umzusetzen. Die erste Version von *DocOctopus* hatte eine Swing-Oberfläche, mit der man alle relevanten Dateien zur Dokumentation in einem Projekt interaktiv auswählen konnte. *DocOctopus* erkannte Dateiformate, indem er zuerst den Namen der Datei und dann den Inhalt untersuchte. Schließlich konnte man für alle Dateien einen Generierungsprozess »anwerfen«, der auf Basis von Document-Handlern (so genannten DocItems) eine HTML-Dokumentation mit Inhaltsverzeichnis und Cross-Verlinkung erzeugte. Neben Document-Handlern für alle Standard-Konfigurationsdateien konnte *DocOctopus* auch Bilder und Texte (ASCII und HTML) einbinden, um übergreifende Texte, Konzepte und Informationen zu generieren. Als kleines »Schmankerl« hatte ich dann noch einen SQL-Parser gebaut, der DDL-Skripte (Data Definition Language, Create Table etc.) analysieren konnte.

Diese Basis hat dann Michael Ostermeier wesentlich weiterentwickelt: Seiner Arbeit fiel zuerst die Swing-Oberfläche zum Opfer, danach wurden weitere Document-Handler hinzugefügt, die Erzeugung von herstellerunabhängigen, tabellarischen Darstellungen von SQL-Statements (auf Basis des SQL-Parsers), die Generierung von HTML auf PDF umgestellt und ein ant-Task entwickelt, der eine automatische, wiederholbare Erstellung eines einmal definierten Dokumentes erlaubt.

Wenn man *DocOctopus* um »– –help« bittet, dann werden die möglichen Hilfeoptionen ausgegeben.

DocOctopus gibt Auskunft darüber, welche DocItems unterstützt werden und welche Renderer es gibt, die diese DocItems in ein lesefreundliches Format übersetzen können. *DocOctopus* legt auf Wunsch eine Datei mit der Extension .docc an, die immer wieder für die automatische Generierung im ant-Task verwendet wird. Diese ist selbst eine XML-Datei, die man auch manuell editieren kann. *DocOctopus* unterstützt also nicht nur die Generierung der Dokumentation, sondern auch die Zusammenstellung dessen, was dokumentiert werden soll.

Dazu startet man *DocOctopus* im Wurzelverzeichnis eines Projektes, das anschließend von *DocOctopus* rekursiv durchsucht wird (»Detecting Tentacles...«). Das ist wesentlich komfortabler als eine Swing-Oberfläche, wo man das dann manuell selbst machen muss. Alle Dateien, die von *DocOctopus* erkannt werden, werden der Reihe nach in die .docc-Datei aufgenommen. (In dieser Datei werden natürlich nur die Pfade gespeichert.)

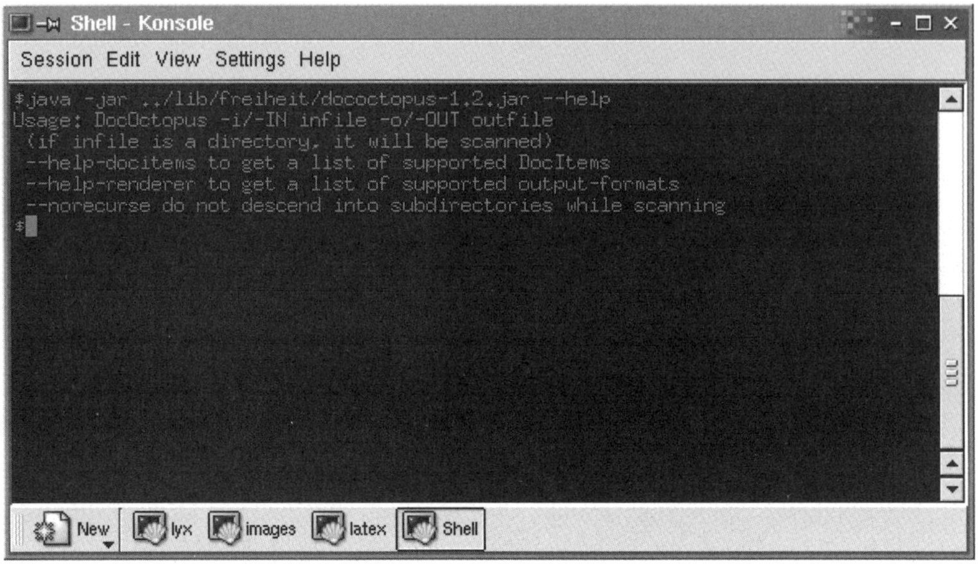

Abbildung 19.1: DocOctopus: *Help Options*

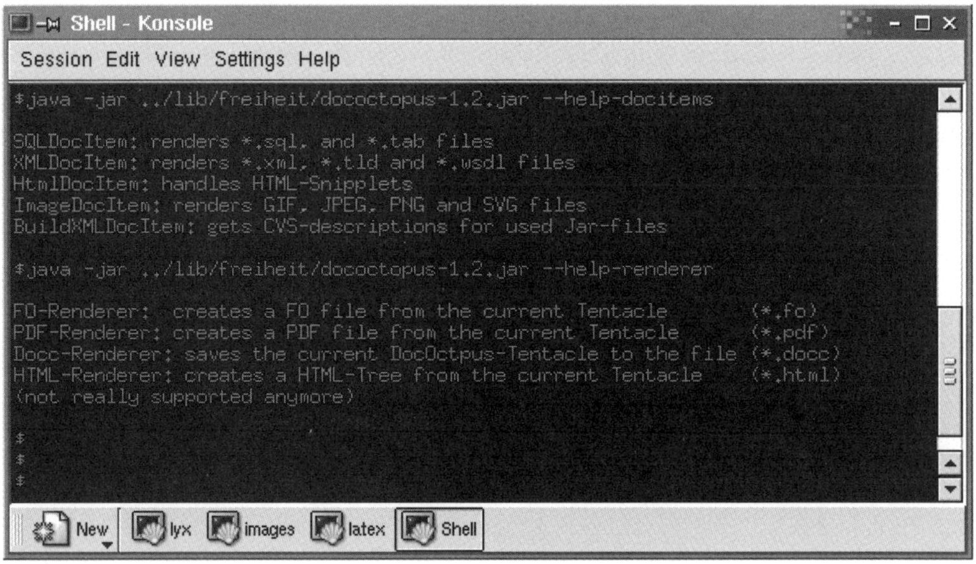

Abbildung 19.2: DocOctopus: *DocItem- und Renderer-Setup*

Da *DocOctopus* nicht wissen kann, in welcher Reihenfolge die DocItems stehen müssen, muss man die Reihenfolge danach noch manuell anpassen. Zudem kann man später selbst weitere Pfade auf Dateien hinzufügen, wie z. B. Texte, die alle Ergebnisse und Kernkonzepte aus den Chinese Parliament-Sessions enthalten. Wie weiter vorne im Buch erwähnt, soll man alle gemeinsam diskutierten Kernkonzepte mit in die Dokumentation aufnehmen. Man muss diese aber nur einmal schreiben (und natürlich aktualisieren, wenn sich etwas geändert hat): *DocOctopus* sorgt dafür, dass diese immer in der jeweils aktuellen Dokumentation enthalten sind.

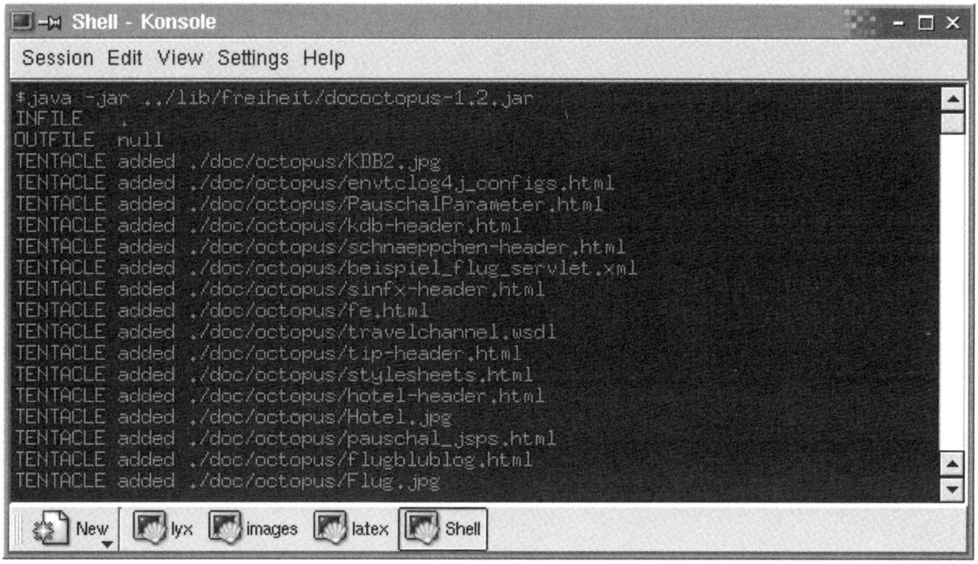

Abbildung 19.3: DocOctopus: *»Detecting Tentacles...«*

Ein Beispiel für eine *DocOctopus*-.docc-Datei könnte so aussehen:

```
<?xml version="1.0" encoding="ISO-8859-1"?>
  <dococtopus format="docbook" version="1.0">
  <project>
    <title>Systemdokumentation</title>
    <name>Dienstleister</name>
    <kunde>MeinKunde</kunde>
    <date>8. Mai 2002</date>
    <doc-version>1.2</doc-version>
    <sw-version>3.2 JDK 1.4</sw-version>
  </project>
  <docitem>
    <file>doc/octopus/webapp.html</file>
    <title>Web Application mywebsite.de</title>
  </docitem>
  <docitem>
    <file>build.xml</file>
    <title>Java Bibliotheken</title>
  </docitem>
  <docitem>
   <file>build/doc/web.xml</file>
```

```
    <title>web.xml - Servlet Container Configuration</title>
  </docitem>
  <docitem>
    <file>doc/octopus/architecture.jpg</file>
    <title>Architekturdiagramm Hotel-Engine</title>
  </docitem>
....
</dococtopus>
```

Ein besonderer Punkt noch zum build.xml: Im build.xml stehen alle ant-Tasks und dort kann man natürlich auch sehen, welche Java-Bibliotheken (in Form von Jar-Files) für den Compile-Task verwendet werden. *DocOctopus* sammelt alle Jar-Files zusammen und stellt dann eine Anfrage an das CVS — denn natürlich sind auch alle Bibliotheken eingecheckt — und holt sich dort den beschreibenden Kommentartext heraus. So sind alle Bibliotheken automatisch vernünftig dokumentiert. Das kann dann im Ergebnis so aussehen:

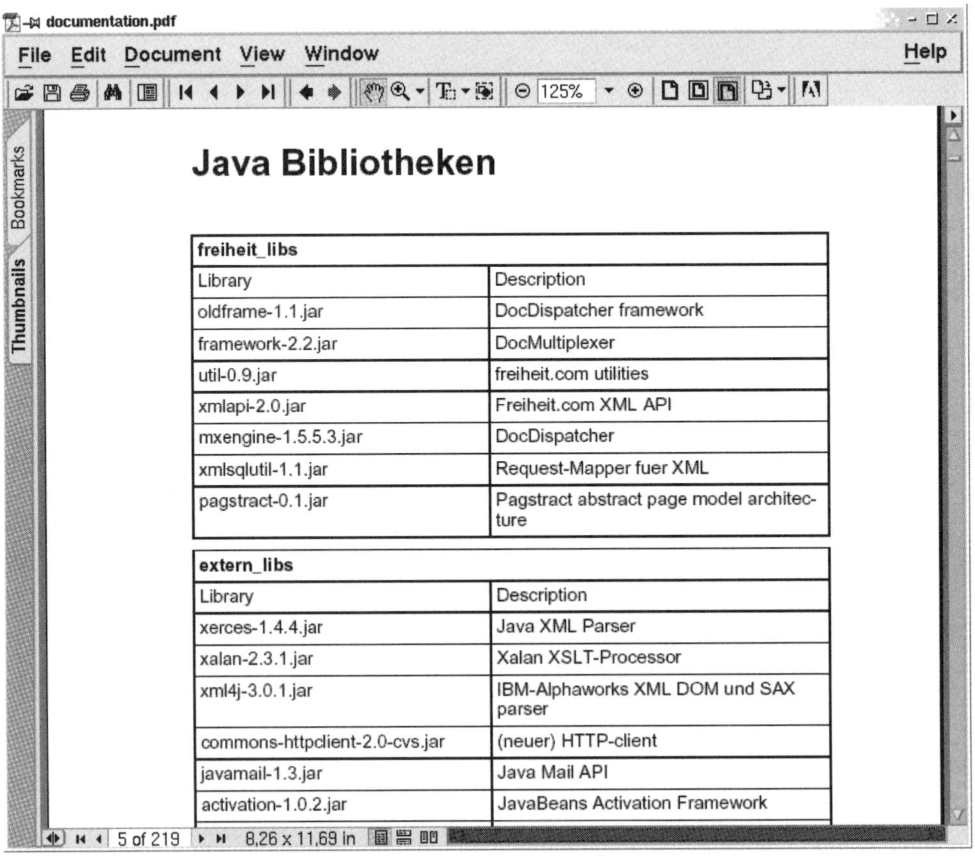

Java Bibliotheken

freiheit_libs	
Library	Description
oldframe-1.1.jar	DocDispatcher framework
framework-2.2.jar	DocMultiplexer
util-0.9.jar	freiheit.com utilities
xmlapi-2.0.jar	Freiheit.com XML API
mxengine-1.5.5.3.jar	DocDispatcher
xmlsqlutil-1.1.jar	Request-Mapper fuer XML
pagstract-0.1.jar	Pagstract abstract page model architecture

extern_libs	
Library	Description
xerces-1.4.4.jar	Java XML Parser
xalan-2.3.1.jar	Xalan XSLT-Processor
xml4j-3.0.1.jar	IBM-Alphaworks XML DOM und SAX parser
commons-httpclient-2.0-cvs.jar	(neuer) HTTP-client
javamail-1.3.jar	Java Mail API
activation-1.0.2.jar	JavaBeans Activation Framework

Abbildung 19.4: DocOctopus-*Ergebnis: PDF-Dokumentation mit Inhaltsverzeichnis und Crosslinks. Das Beispiel zeigt die automatisch generierten Einträge für alle im CVS eingecheckten Bibliotheken.*

20 Analyse von Paket-Abhängigkeiten mit *Dr. Freud*

Wie verbessert man die Code-Struktur und die Code-Qualität? Man könnte Code-Reviews durchführen!? Das ist aber nicht ganz einfach, denn es gibt nicht immer nur den einen richtigen Weg, um ein Problem zu lösen. Was guter Code ist, ist in vielen Punkten ein fast religiöses Thema, vor allem bei objektorientierter Programmierung. Bei sehr komplexem Code ist es zudem schwierig, immer wieder kurze Reviews durchzuführen: Die Einarbeitungszeit ist einfach zu lang, um gute Ratschläge geben zu können. Gleichzeitig macht es Sinn, die Verwendung von Design Patterns aktiv zu fördern. Aber wie?!

Wie wir bereits wissen, ist es einfacher, eine Einigung darüber zu erzielen, was schlecht ist, als sich darüber zu einigen, was Gut ist. Eine Grundlinie auf die wir uns in unserer Firma einigen konnten, ist die Wichtigkeit der Betrachtung von Beziehungen zwischen Packages (Paketen).

Ausgehend von den *Martin-Metriken* (siehe [13]) haben wir ein eigenes, werkzeuggestütztes Vorgehen entwickelt. Ich bin nicht unbedingt ein Freund von Werkzeugen mit vielen Knöpfen, sondern bevorzuge eher Kommandozeilen-Werkzeuge, aber die Standard-Ausgabe von JDepend (das im Wesentlichen die *Martin-Metriken* berechnet und als Zahlen ausgibt) ist dann selbst für meine einfachen Ansprüche zu wenig benutzerfreundlich. Zugegeben, als ant-Task eingebunden leistet es gute Dienste. Aber für eine schnelle Analyse der Package-Struktur eines Projektes ist es nicht einsetzbar.

Damit war die Idee für ein Werkzeug geboren, mit dem man Java-Programme auf Bytecode-Ebene analysieren und die Package-Struktur durch ein Farbschema visualisiert schnell erfassen kann. Das Tool hat, aufgrund seiner »tiefen-psychologischen« Bedeutung auf Code-Ebene, den Namen *Dr. Freud* erhalten.

Dr. Freud wird zum einen dafür eingesetzt, um sich einen schnellen Überblick über die Struktur eines Projektes zu machen. Zum anderen kann man es als Entwickler in der täglichen Arbeit verwenden, um beim Refactoring schnelle Entscheidungen darüber treffen zu können, in welches Package eine Klasse einzuordnen ist.

Eine gute Package-Struktur hilft bei der Entkopplung von Klassen und Komponenten und sie hilft dabei, Software leichter erweiterbar und wartbar zu machen. Und: Wenn man systematisch die Beziehungen zwischen Paketen verbessern möchte, dann muss man fast automatisch auch Design Patterns anwenden. Somit fördert die Fokussierung auf die Verbesserung von Package-Strukturen fast auf natürliche Weise den Einsatz von Design Patterns!

Jedem Paket (Kategorien nach *Martin*) kann ein Punkt in diesem Koordinatensystem von Abstraktheit auf der x-Achse und Instabilität auf der y-Achse zugeordnet werden. Anschließend wird das Paket in der entsprechenden Farbe eingefärbt, um dem Entwickler auf den ersten Blick eine intuitive Erfassung seiner Software zu ermöglichen.

Die gestrichelte Diagonale stellt die so genannte Hauptlinie dar (Abbildung 20.1). Pakete, die auf dieser Linie liegen, haben ein ausgewogenes Verhältnis von Abstraktheit und Instabilität. Beispiele dafür sind Modell-Pakete, die lediglich Interfaces enthalten und somit das tiefe Blau der unteren rechten Ecke des Farbschemas zugeordnet bekommen oder Implementierungen, an ihrer grünen Farbe zu erkennen, die in der oberen linken Ecke zu finden sind.

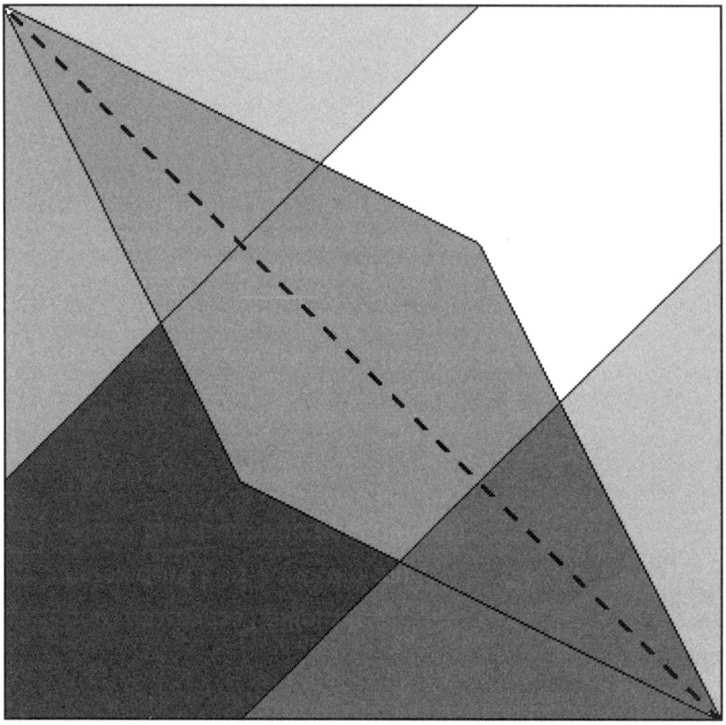

Abbildung 20.1: Visualisierung der Martin-Metriken durch Farben

Abweichungen von der Hauptlinie haben je nach Richtung eine unterschiedliche Bedeutung. Pakete in der oberen rechten Ecke, dem weißen Feld, sind sowohl abstrakt als auch instabil und damit bedeutungslos. Es ist sehr unwahrscheinlich, in einem realen Projekt ein solches Paket anzutreffen. Die untere linke Ecke, rot eingefärbt, signalisiert potentielle Gefahr — solche Pakete sind sowohl sehr konkret als auch sehr stabil — bestehen also größtenteils aus Implementierungen und werden von sehr vielen anderen Paketen benutzt. Typischerweise tritt diese Färbung bei Utility-Paketen auf, die in sich abgeschlossen vorliegen.

Es ist nicht möglich, von vornherein zu sagen, dass man als Entwickler eine bestimmte Farbverteilung anstreben sollte. Keine Farbe (außer Weiß) deutet wirklich auf ein Problem hin, und selbst weiße Pakete existieren einfach »friedlich« vor sich hin, ohne wirklich jemanden zu stören. Zweck der Einfärbung ist es, dem Entwickler beim ersten Blick auf ein Paket, die Möglichkeit zu geben, dessen Rolle im Projekt zu erkennen und gegebenenfalls mit seiner Erwartungshaltung zu vergleichen (»Oh, das sollte doch eigentlich Blau sein?!«).

In der Abbildung 20.2 wurden sämtliche Utility-Pakete sowie das Paket mit der Main-Klasse gelöscht, um überflüssige bzw. offensichtliche Abhängigkeiten zu entfernen. Nach einem erneuten Autolayout wurde noch einmal von Hand aufgeräumt. Relativ deutlich sind nun die Abhängigkeiten im Projekt zu erkennen.

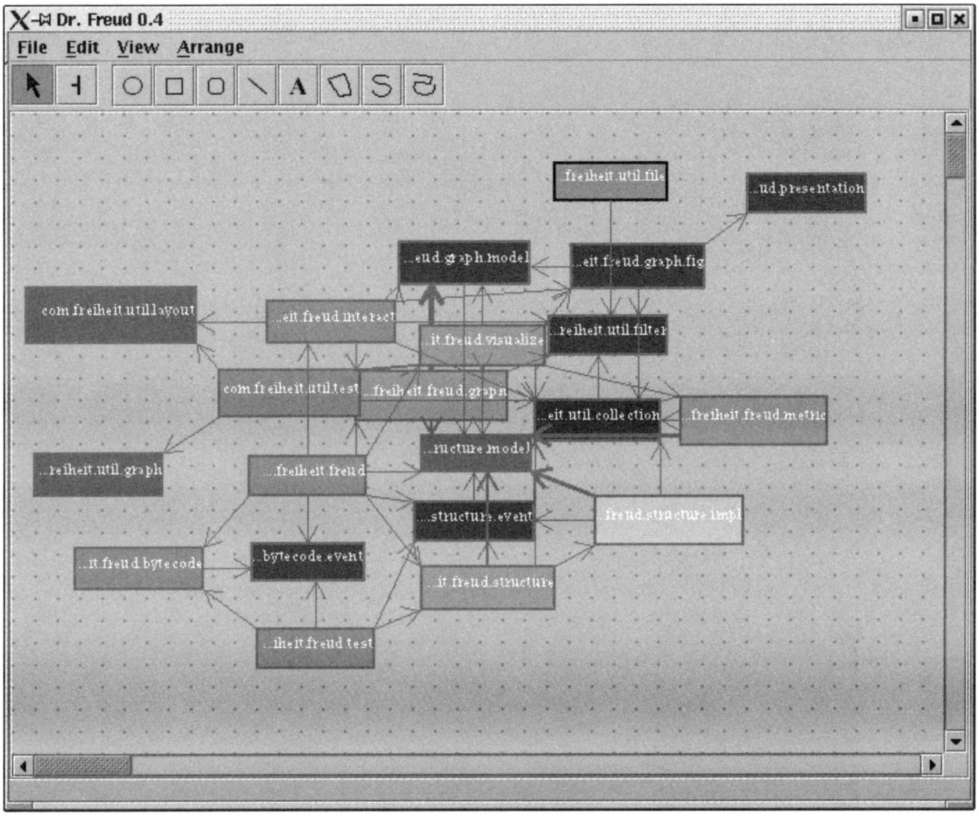

Abbildung 20.2: Dr. Freud *visualisiert Paket-Abhängigkeiten.*

Hilfreich hierbei ist die Impact-Analyse, die bei Anwahl eines Paketes alle direkt oder indirekt mit diesem Paket verbundenen Pakete einfärbt. Das im Bild erfolgte Anklicken des zentralen Modell-Paketes com.freiheit.freud.structure.model führt dazu, dass bis auf eine Ausnahme alle im Projekt befindlichen Pakete als von diesem Paket abhängig farblich markiert werden. Weitere Funktionen zur Analyse sind in Context-Menüs verborgen. Tool-Tipps geben darüber hinaus schnelle Zusatzinformationen über die Klassen und deren Beziehungen in den Packages.

Dr. Freud wird ständig weiterentwickelt und erhält Ende des Jahres noch eine Erweiterung, die eine Package-interne Analyse ermöglicht.[1]

1 *Dr. Freud* wird bei Erscheinen dieses Buches unter http://www.freiheit.com im Download-Bereich zu finden sein.

A Anhang: Die Entstehungsgeschichte des Feature-based Programming

A.1 Nerds bei der Nachtschicht

Im Oktober 1998 hatten wir unsere eigene Software-Firma gegründet. Wir waren zu diesem Zeitpunkt ein kleines Team von erfahrenen Programmierern. Ich selbst blickte auf etwa 10 Jahre kommerzielle Entwicklungserfahrung zurück. Meine erste Zeile Code hatte ich zu diesem Zeitpunkt vor etwa 16 Jahren geschrieben. Die anderen im Team hatten ähnliche Erfahrungen gemacht: Apple II, C64, Amiga, Atari ST, Vax/VMS, Unix, schließlich NT und dann Linux.

Durch den Starterfolg waren wir von Anfang an in Bedrängnis: Wir hatten meist wesentlich mehr Aufträge, als wir normalerweise abarbeiten konnten. Darum haben wir die Zeit hauptsächlich im Büro verbracht. Viele Nächte haben wir zusammen durchprogrammiert, um unseren Kunden pünktlich die versprochene Software ausliefern zu können.

Um unsere knappe Kapazität einigermaßen planen zu können, brauchten wir dringend eine Methodik, mit der wir genau beschreiben konnten, wer bis wann was fertig haben musste. Diese Planung sollte natürlich zu dem passen, was wir mit dem Kunden vereinbart bzw. was wir dem Kunden versprochen hatten.

Ich hatte mein gesamtes Studium mit der Entwicklung von Software finanziert und konnte dabei immer die neuesten Erkenntnisse aus den Software-Engineering-Vorlesungen praktisch anwenden. Die Ergebnisse waren immer sehr ernüchternd: Wer hat schon mal ein komplettes Projekt mit HIPO, SA, SADT, OMT oder Ähnlichem spezifiziert und das dann auch so umsetzen können. Ich hatte es zumindest versucht.

Ein paar Jahre hatte ich zudem in einem Systemtechnik-Institut an Luft- und Raumfahrt- sowie an militärischen Projekten gearbeitet und dort Software nach den gängigen Vorgaben, also ESA-Standards, V-Modell etc. entwickelt. Dabei entstanden gigantische Mengen an Papier. Diese sind zwar rein theoretisch sinnvoll und wichtig, praktisch gesehen haben aber viele der erstellten Dokumente keinen Effekt auf den erfolgreichen Ausgang eines Projektes.

Natürlich hatte ich in meiner Studentenzeit auch eine Reihe von Projekten einfach ohne jegliche Spezifikation und Planung durchgeführt. Mir war klar, dass weder der Weg der maximalen Spezifikation noch der Weg der minimalen Spezifikation (eine Spezifikation der Länge 0) für unser Team in Frage kam. Es musste irgendetwas dazwischen geben. Irgendetwas zwischen 0 und 5 000 Seiten Papier, das Sinn macht.

Anfang/Mitte 1999 kamen wir mit dem Online-Reisebüro travelchannel in Kontakt. travelchannel ist eine Tochter des Gruner+Jahr-Verlages und der Firma Otto, dem größten deutschen Versandhändler. Zu diesem Zeitpunkt war travelchannel vor allem wegen seines exzellenten Contents zum Thema Reisen bekannt. Durch die Verlagsanbindung war das ein geradezu natürlicher Wettbewerbsvorteil. Leider wurde die eCommerce-Funktion des travelchannel in den meisten Consumer-Tests nur als durchschnittlich bewertet. Hier gab es also Handlungsbedarf.

travelchannel entschied sich für uns als Entwicklungspartner.

Alle Engines zur Flugbuchung, Hotelreservierung, Pauschalreisen, LastMinute-Reisen etc. sollten komplett erneuert werden. Hierzu mussten Backend-Systeme entwickelt werden, die z. B. mit den großen, Host-basierten weltweiten Flugreservierungssystemen kommunizieren konnten. Die Unmengen von kodierten Daten, die bis dahin nur von speziell geschulten Travel-Agents in Reisebüros gelesen wurden, mussten in Informationen umgewandelt werden, die von normalen Menschen am heimischen PC verstanden werden konnten. Zudem sollte es ein zentrales Kunden-Management mit einem Single-SignOn geben, das von allen Engines genutzt werden konnte. In den gemeinsamen Meetings mit unserem neugewonnenen Kunden entwickelten wir Pflichtenhefte, auf deren Basis wir schließlich die Entwicklung starteten. Für das Projekt stellten wir ein Team von vier Programmierern auf, die selbstständig die Einzelheiten mit dem jeweiligen Produkt-Manager klären konnten.

Die Pflichtenhefte waren gut. Wir hatten ein gutes Verständnis der komplexen Materie. Fragen wurden auf dem »kurzen Dienstweg« schnell und unbürokratisch geklärt. Die Entwicklung selbst ging auch gut voran. In unregelmäßigen Abständen wurden die Ergebnisse integriert und dem Kunden präsentiert. Trotzdem war der finale Launch des Systems ein echter Kraftakt. Eines Nachts, es war 04:00 Uhr, legten wir den großen Schalter um: Der neue travelchannel war online.

Das Ziel war erreicht, aber es war trotz aller Vorbereitungen und trotz unserer langjährigen Erfahrungen mitnichten eine Punktlandung.

Wir hatten im Prinzip wieder die gleichen Erfahrungen gemacht, die in jedem Software-Projekt zu jedem Zeitpunkt an jedem Ort der Welt gemacht werden:

Nach einer umfangreichen Spezifikation wird mit der Entwicklung begonnen. Nachdem etwa 80 % der Software zügig realisiert sind, wird die Annäherung an die 100 % immer schwieriger. Ich behaupte noch einmal, dass man heute in ein Flugzeug steigen kann, mit dem man an einen beliebigen Ort auf der Welt fliegt, dort aussteigt und in irgendeine Software-Firma geht, dort einen beliebigen Programmierer anspricht und diesen fragt: »Wie weit bist du mit deinem Projekt?« Und er wird mit an Sicherheit grenzender Wahrscheinlichkeit sagen: »98 % sind fertig«.

Leider wird er nie die 100 % erreichen. Ich rede hier jetzt nicht von den letzten 2 % bis zur Erreichnung der Perfektion. Sondern: Diese 2 % dauern in der Regel noch einmal genauso lange wie die davor erreichten 98 %! Ohne diese 2 % ist die Software für den Kunden nicht einsatzfähig. Diese 2 % sind exakt der Teil, der Software-Projekte zum Scheitern bringt. Denn vom Aufwand her entsprechen sie eher 50 % des Projektes.

Auch wir hatten bei dem travelchannel-Relaunch mit dem 98 %-Syndrom zu kämpfen. Wir haben nur gewonnen, weil wir nicht nur am Tag, sondern auch bei Nacht immer weitergekämpft haben.

A.2 Kurze Release-Zyklen, null Fehler und Zero Tolerance

Natürlich hatten wir bis zum travelchannel-Relaunch auch in anderen Kundenprojekten an unserem eigenen Vorgehensmodell gearbeitet. Wir hatten schon Verschiedenes ausprobiert, mussten aber immer wieder an unserem Prozess herumoptimieren, bis wir den ersten Stand eines Vorgehensmodelles hatten, das wir dem sehr professionellen Team bei travelchannel vorstellen konnten.

Denn die travelchannel-Software musste natürlich ständig an die Marktbedürfnisse angepasst werden. Das bedeutete im Klartext: Nach dem Relaunch musste etwa alle drei bis vier Wochen eine komplett überarbeitete und erweiterte Version des travelchannel ausgeliefert werden.

So kurze Release-Zyklen gibt es in der Software-Branche eigentlich nur sehr selten. Wenn z. B. eine neue Unternehmens-Software ausgerollt wird, dann wird diese üblicherweise über einen längerer Zeitraum entwickelt, mit einer Fokusgruppe von »Friendly Customers« getestet und dann in einem Pilotprojekt einem Teil der zukünftigen Nutzer ausgeliefert. Wenn die Software dann die harte Konfrontation mit der Realität »überlebt« hat, dann wird sie ins Feld gebracht und über die gesamte Organisation ausgerollt. Natürlich werden die User vorher anständig geschult.

Das geht so im Internet leider nicht.

Im Internet wirft man den Usern buchstäblich die Software zum Fraß vor. Sowie eine neue Version online ist, kann man in den Logfiles beobachten, wie viele User die Anwendung sofort nach dem Neustart besuchen. Wenn die Software unter Last zu langsam ist oder Fehler enthält, die den Kunden an der Nutzung hindern, dann verlässt der User sofort die Site – möglicherweise auf Nimmerwiedersehen. Je nachdem, wie schlimm die Erfahrung war. Und da natürlich keine Schulung vorher möglich ist (sie haben ja sicher auch noch nie eine Schulung dafür erhalten, in einem Reisebüro eine Reise zu buchen), muss das System intuitiv bedienbar, robust und fehlertolerant sein.

Eine weitere, nicht unwesentliche Randbedingung ist und war das Thema Pünktlichkeit: Die Reisebranche unterliegt Buchungszyklen. Zu Beginn eines jeden Zyklus müssen die Systeme vollständig und funktionsfähig bereitstehen oder der Auftraggeber verliert eine Menge Buchungen und damit Geld. Selbst eine Verspätung von zwei Wochen, die im Software-Business ja sonst schon als Punktlandung gilt, kann dabei zu einem erheblichen Verlust führen.

In diesem schwierigen Umfeld mit extrem kurzen, pünktlichen Release-Zyklen, hohen Anforderungen an die Vollständigkeit und Fehlerfreiheit von Software waren wir einfach gezwungen, etwas zu entwerfen, womit wir das 98 %-Syndrom schlagen konnten. Gleichzeitig war diese Zeit aber auch eine einzigartige Chance, die nur wenige Entwicklerteams bekommen. Denn nur unter diesen Bedingungen war es möglich, einen schlagkräftigen Entwicklungsprozess zu entwickeln und die ständigen Verbesserungen sofort auch ausprobieren zu können.[1]

1 Trotzdem finde ich auch heute noch, dass es fast nichts Befriedigenderes in unserem Beruf gibt, als mit einem Team von Enthusiasten nach einer gemeinsamen Nachtschicht, in der man an den letzten Feinheiten des auszuliefernden Produktes gefeilt hat, am nächsten Morgen ein erstklassiges Produkt an den Kunden auszuliefern. Wenn man nämlich ein Produkt pünktlich ausliefern will, dann ist das nach meiner Erfahrung nur möglich, wenn man zumindest bei Problemen auch bereit ist, Nachtschichten einzulegen, anstatt einfach morgens den Kunden anzurufen und ihm mitzuteilen, dass die Auslieferung leider verschoben werden muss.

Literaturverzeichnis

[1] Kent Beck: *Extreme Programming — Explained*, Addison-Wesley, 1999

[2] Kent Beck: *Test-driven Development — By example*, Addison-Wesley, 2002

[3] Carl von Clausewitz: *Vom Kriege*, rororo, Taschenbuch 10. Auflage, 2001

[4] Barry D. Watts: *Clausewitzian Friction*, http://www.clausewitz.com/CWZHOME/Watts2/FrictionTOC.htmrororo, McNair Paper 52, 1996 (Revised July 2000). Institute for National Strategic Studies Washington, DC

[5] Kent Beck und 16 andere „Gurus“: *Agile Manifesto*, http://www.agilemanifesto.org

[6] Jim Highsmith: *Agile Software Development Ecosystems*, Addison-Wesley, 2002

[7] Erich Gamma et al.: *Entwurfsmuster*, Addison-Wesley, 1996

[8] William J. Brown et al.: *Anti Patterns*, Wiley, 1998

[9] Eric S. Raymond: *New Hacker's Dictionary*, MIT Press, Second Edition 1994

[10] Nick Sekunda, John Warry: *Alexander the Great*, Osprey, 1998

[11] Mark Healy: *Cannae 216 BC*, Osprey, 1994

[12] Robert C. Martin: *Continuous Care versus Inital Design*, http://www.objectmentor.com, 2002

[13] Robert C. Martin: *OO Design Quality Metrics*, http://www.objectmentor.com, 1994

[14] Bertrand Meyer: *Object oriented Software Construction*, Prentice Hall, 2nd Edition 1997

[15] Erich Gamma, Kent Beck: *JUnit: A Cook's Tour*, http://junit.sourceforge.net/doc/cookstour/cookstour.htm

[16] Martin Fowler et al.: *Refactoring — Improving the design of existing code*, Addison-Wesley, 1999

Index

PROGRAMMER'S CHOICE
HENDRIK SCHREIBER
Performant
Java
programmieren
ADDISON-WESLEY